Ејми Бендер
ДЕВОЈКА У ЗАПАЉИВОЈ СУКЊИ

Библиотека РАД

Уредник
ЈОВИЦА АЋИН

Превела
ТАТЈАНА СИМОНОВИЋ ОВАСКАИНЕН

На корицама:
Густав Климт, "Златна рибица", 1901.

This project was funded by the Office of Public Affairs, United States Embassy Belgrade. The Office of Public Affairs, United States Embassy Belgrade, or the United States Government neither not takes responsibility for the content of this project.

Овај пројект је у целости помогло Одељење за медије и културу Амбасаде САД у Београду. Одељење за медије и културу Амбасаде САД у Београду, ни Влада САД не одговарају за садржај пројекта.

Ејми Бендер

ДЕВОЈКА У ЗАПАЉИВОЈ СУКЊИ

Приче

РАД

Изворник
Aimee Bender
The Girl in the Flammable Skirt
DOUBLE DAY, 1998.
Copyright © 1988. by Aimee Bender
Copyright © за српско издање, РАД, 2007.

ЗА МОЈУ МАЈКУ И МОГА ОЦА

САДРЖАЈ

ЈЕДАН

Онај који се сећа 9

Зови ме по имену 15

Шта си оставио у јарку 29

Чинија 41

Марципан 47

ДВА

Молим, тишина 67

Без коже 75

Фуга 89

Пијана Мими 109

Сатри ову девојку 115

ТРИ

Исцелитељ *131*

Губитник *145*

Завештање *153*

Сањање на пољском *157*

Прстен *173*

Девојка у запаљивој сукњи *185*

ЗАХВАЛНОСТ 195

Татјана Симоновић Оваскаинен: СВЕТ БЕЗ СТРАХОВА ЕЈМИ БЕНДЕР 197

ПРВИ ДЕО

Онај који се сећа

Зови ме по имену

Шта си оставио у јарку

Чинија

Марципан

ОНАЈ КОЈИ СЕ СЕЋА

Мој љубавник пролази кроз обрнуту еволуцију. Никоме то не говорим. Не знам како се то десило, знам само да је једног дана био мој љубавник а следећег нека врста мајмуна. После месец дана постао је морска корњача.

Држим га на радној плочи, у кухињи, у ватросталној ћаси пуној морске воде.

"Бен", рекла сам његовој малој испруженој глави, "да ли ме разумеш?", а он пиљи очима које личе на капљице катрана, и мени цуре сузе у ћасу, где се мрешка море које сам ја исплакала.

Он дневно прелази милионе година. Пошто нисам научник, то сам само онако грубо закључила. Отишла сам код свог старог наставника биологије, на државни колец, и тражила му временски распоред наше еволуције. У почетку је је био нервозан — хтео је паре. Рекла сам му да ћу бити сретна да му платим, и онда се мало орасположио. Оно што ми је наставник написао, једва да могу да прочитам — требало је да ми откуца — али то што разумем није тачно. По његовом мишљењу, цео процес еволуције требало би да траје годину дана, а како се ствари одвијају, мислим да нам је остало мање од месец дана.

У почетку, људи су звали телефоном и питали где је Бен. Зашто није дошао на посао? Зашто је пропустио ручак са тим и тим клијентима? Његова специјално наручена књига о цивилизацији, ретко издање које се више не штампа, стигла је у књижару, да ли би био љубазан да дође да је узме? Рекла сам им да је болестан, нека чудна болест, да ли би били љубазни да престану да зову. За право чудо, престали су. Престали су да зову. После недељу дана, телефон више није звонио и Бен, павијан, седео је у углу поред прозора, увијен у покривач, и мрмљао је нешто себи у браду.

Последњег дана кад је био човек, био је тужан због целог света.

Али то није било неуобичајено. Он је увек био тужан због света. То је био један од важнијих разлога што сам га волела. Седели бисмо заједно и били тужни и мислили смо о томе што смо тужни а некад смо и разговарали о тузи.

Његовог последњег човечијег дана, рекао је: "Ени, зар не видиш? Постајемо препаметни. Наш мозак постаје све већи и већи, а свет пресушује и умире кад има превише мисли а недовољно срца."

Погледао ме је одлучно, продорним плавим очима. "Баш као и ми, Ени," рекао је. "Ми сувише мислимо".

Села сам. Сетила сам се како је било кад смо први пут имали секс, оставила сам упаљена светла, широм отворила очи и својски се трудила да се опустим; онда сам приметила да су и његове очи отворене и усред секса, сели смо на под и дуго разговарали о поезији. Све то је било јако чудно. Све то је било веома познато.

Једном ме је пробудио, усред ноћи, извукао ме из бледоплаве постељине, одвео да гледам звезде и шапнуо: *Погледај Ени, погледај — нема места ни за шта сем за сањарење.* Слушала сам поспано, а кад сам се отетурала назад до кревета, сасвим сам се разбудила, гледала сам у таваницу, нисам уопште могла да сањарим. Бен је одмах заспао, а ја сам се пузећи вратила напоље. Покушала сам да пронађем звезду, од које још нико, у целој историји, није тражио ништа, и питала сам се шта би се десило да сам је нашла.

Последњег дана кад је био човек, ставио је главу у шаке и уздахнуо. Устала сам и изљубила сваки сантиметар његовог врата, покрила пољупцима свако парче његовог меса и пожелела тада неке жеље, јер сам знала да ниједна жена није тако савршено и потпуно прекрила уснама његову кожу. Огрнула сам га. Шта сам пожелела? Само добро. То је све. Научила сам још док сам била мала да жеље треба да буду уопштене, јер су конкретне жеље имале увек неке последице.

Загрлила сам га и водила љубав с њим, с мојим тужним човеком. "Видиш, сад не мислимо ништа", шапнула сам му док ми је љубио врат, "уопште не мислимо", и он ми је главом притиснуо раме и држао ме чврсто. Касније смо опет изашли напоље; није било месеца и ноћ је била мрачна. Рекао је да мрзи причање, да само хоће да ми гледа у очи и на тај начин да ми говори. Пустила сам да ме гледа и од тога ми се јежила кожа. Рекао ми је да хоће да спава напољу из неког разлога. Ујутру, кад сам се пробудила, погледала сам у нашу башту и угледала мајмуна који се испружио на цементу и великим длакавим рукама заклањао очи од сунца.

И пре него што сам му видела очи, знала сам да је то он. А кад су нам се погледи срели, видела сам оно његово тужно лице, па сам загрлила та огромна рамена. Није ме било брига, бар не у почетку, нисам се успаничила ни позвала хитну помоћ. Седела сам с њим напољу и гладила му крзно на леђима. Али кад ме је обгрлио и кад је тражио моје тело, гласно сам рекла: "Не", и мислим да је разумео и повукао се. То не долази у обзир, и ја имам своје границе.

Седели смо на травњаку и чупкали траву. човек Бен ми није одмах недостајао; желела сам да упознам и мајмуна Бена, желела сам да се бринем о свом љубавнику као о сину или љубимцу; привлачило ме је да га упознам на сваки могући начин, али тада нисам увиђала да се човек Бен неће вратити.

Сада, кад дођем с посла и потражим свог старог Бена, како шета и нервира се, схватам сваки пут изнова да њега више нема. Корачам ходником. Ижваћем цео пакет жвакаћих гума за пет минута. Покушавам да га се барем сетим, и лакне ми кад схватим да су моја сећања недирнута, цела, јер ако он више није ту, мој задатак је да га се сећам. Мислим на то како ми је обгрлио леђа и снажно ме стегнуо, да сам била нервозна, и сећам се како је било добро осетити његов дах на увету.

Кад одем у кухињу, провирим у стаклену посуду и видим да је он сад даждевњак. Мали је.

"Бен", шапућем му, "да ли ме се сећаш? Да ли се сећаш?"

Његове очи се гуштерски преврну и ја канем у воду мало меда. Увек је волео мед. Полиже га и отплива у други део посуде.

Овде је граница свих мојих граница: баш ту. Никад тачно не знаш где је све док не набасаш на њу, и бам, ево је. Не могу више да поднесем да га тражим у води и да га не нађем, да микроскопским сочивом гледам у мале бистре таласе и тако нађем свог љубавника, једноћелијско чудо, надуто и оперважено, без мозга, доброћудно, како бистро и мало као црна тачка у оку, постаје ништавило.

Стављам га на задње седиште у кола, возим га на плажу. Док ходам по песку, климнем главом људима на пешкирима који сунчају своја тела и сањаре. На ивици воде, застајем и спуштам цео стаклени суд на врх малог таласа. Лепо плута, брод за печење, за неког ко ће га пронаћи насуканог на обали и у њему правити колаче, срећни улов за неку сироту душу, са свим састојцима, али без посуде.

Бен даждевњак отплива. Машем са обе руке према води, да ме види ако се окрене.

Окренем се и шетам према колима.

Некад мислим да ће га море нанети на обалу. Голог мушкарца запањеног погледа, од ког ће се сви згрозити. Мушкараца, који је био у историји и вратио се. Стално читам новине. Водим рачуна да ми телефонски број буде уписан у именик. Ноћу се шетам по крају за случај да се не сети где је моја кућа. Храним птице у дворишту и пре него што саму себе отпратим у кревет, ставим руке око своје лобање да проверим да ли расте, и питам се, ако би то уопште вредело, шта би је у том случају испунило.

ЗОВИ МЕ ПО ИМЕНУ

Цело поподне бирам мушкарца.

Они то не знају. Ово је тајна аудиција, све је потпуно необавезно.

"Не, стварно", кажем мршавом мушкарцу који је висок као бандера, у метроу, који ме гледа тако уморним очима, да се већ у њима види притајена смрт, "шта више волиш, псе или мачке?"

Осмехне ми се на неки добродушан начин. Не могу тачно да вам кажем каквог мушкарца тражим, али знаћу кад га пронађем. Бићу без даха, бићу слаба, поломљена од уласка новог мушкарца у моју душу. Хоћу да ме повреди то присуство.

"Мачке, без двоумљења", одговара ми, док врти неку таблету у прстима. Мислим да је надрогиран, али ме је баш брига. Волим само псе, па сам његовим одговором разочарана.

Захваљујем му се, пролазим прстима кроз косу, и враћам се на своје осматрачко место, предње седиште, окренуто уназад, одмах иза возача који ми је намигнуо кад сам ушла.

Носим елегантне хаљине у подземној железници. Наследила сам пуно пара од покојног оца, који је патентирао зидну вешалицу која се лепи. Креирао ју је у својим двадесетим годинама, свет се отимао да је купи, долазили су на његова врата са срнећим очима – нико више не користи ексере. Умро је кад сам имала три године, тако да га никад нисам довољно упознала да бих патила за њим, а за њим су остали милиони долара за мене и моју маму, која притом није трошаџија. Све је то за мене! Не волим много скупа кола или гурманске вечере; оно што ја волим су фенси хаљине. Данас носим хаљину од кестењастог сатена, дугу, до пода, са V изразом на леђима и сандале у истој боји с тракама укрштеним на чланцима. На мојим ушима блистају једноставне дијамантске минђуше. Изгледам као да добро знам да играм валцер, што стварно знам.

Мушкарци ме примећују кад се возим метроом, јер сам тип који обично вози своја кола. Нисам ја ваша обична метро девојка у црним панталонама, која чита роман све време тако да с њом не можете да направите никакав контакт очима. Ја, ја их гледам и смешим им се и њима се то свиђа. Кладим се да причају о мени за време вечере – ја сам досадним људима тема за разговор.

Бандерасти човек устаје према излазу и климне ми главом. Промрдам прстима, ћао. Он жмирне својим мртвим очима на тако мудар начин да скоро хоћу да појурим за њим, да ме гледа тим истим погледом и каже ми нешто феноменално о мени, да ме потпуно разоткрије једном блиставом реченицом, али нема сврхе.

Он то не би могао. Он је жмирнуо јер је био превише на сунцу – он чак не зна ни моје име.

Мислим да сам готова, да сам прегледала цео вагон, кад угледам иза једне старије жене у досадном беж костиму, која непрекидно покушава да спава, некога кога нисам раније приметила. Стидљиви мушкарац. Наслонио се на прозор, једва чека да запали цигарету и не гледа ме. Одлазим и седам поред њега.

"Ако пушиш на прозору", кажем му тихо, "нико неће приметити".

"Шта?" Има десетак година више од мене, и његове очи су светле, скоро водене.

"Никоме нећу рећи ако запалиш".

Капира ме и трепне. "Хвала", каже, али се не помера.

Моја хаљина клизи преко наранџастог пластичног седишта, и звучи као празник.

"Па, како се зовеш?", питам га.

Глава му је окренута према прозору, гледа како воз јури мимо тамног цемента. Коса му је на потиљку сва замршена као да се управо пробудио.

"Или где силазиш?" кажем гласније.

Окрене се према мени с подигнутим обрвама.

Нагнем се мало. Моја коса пада напред и осећам мирис шампона од бадема.

"Само сам знатижељна", кажем. "На којој станици силазиш?"

"Пауел", одговара ми. "Твоја коса мирише на бадем".

Тако ми је драго што је приметио.

"Шта више волиш, псе или мачке?" питам га, иако заправо, у овом тренутку, не морам то да знам.

"Постављаш много питања", каже он.

"Да".

"Па".

"Молим?" Моја хаљина бежи с мене, могла бих склизнем на под заједно с њом.

"Више волим", каже ми, "онога који се окрене кад га позовем по имену".

Можда је стидљив, али ме све време гледа право у очи.

Воз стаје на станици и он устаје да ме заобиђе. Али устајем и ја за њим. Моја хаљина је на дну прашњава од прљавог пода у подземној и мислим како на овај начин хаљина делује старински. Он притиска ручицу на вратима и излази муњевито, тако да једва имам времена да бацим поглед на вагон који сам тако брижљиво проучавала, и на људе како ме посматрају док излазим. Један мушкарац са актовком ми се осмехује, али све жене ме игноришу.

За вратом сам му, клизим иза стидљивог мушкараца неколико блокова, на покретним је степеницама, излази на Улицу Маркет и не примећује моју бургундску сенку иза себе, све док се не завуче у малу продавницу ципела, где ме је било тешко не приметити. Продавачице ме за трен салећу, на челу ми пише *Купац*. Барем оне тако мисле. Ово је јефтина продавница одвратних ципела.

"Хеј", каже човек, "ти ме пратиш?"

"Мож-да". Одгегам се и узмем да погледам један пар ципела, иако су тако ружне и јадно направљене.

"То су једне од наших најпродаванијих", каже ми

продавачица број један, која има кармин на предњим зубима.

"Није то за мене", одговорим јој, " и имаш кармин на зубима".

Она брзо сагиње главу и кажипрстом трља зубе. "Хвала", каже она шапатом, као да је тајна. "Мрзим кад ми се то догоди".

Мој мушкарац је напустио продавницу – само тренутак разговора са глупом продавачицом, на моје глупо инсистирање – и нема га. Власник радње стоји иза касе и посматра како прелећем погледом преко рафа с ципелама, и он окреће главу према степеницама иза њега.

"Ти си му девојка?" каже.

"Можда". Кажем опет. И стварно: да стидљиви мушкарац уопште није марио за мене, и да ме није гледао са извесном скривеном пожудом, ја не бих била овде. Али он је био са мном, барем неко време, видела сам да размишља о томе како моја тешка сатенска хаљина шушти док пада на његов под, сва нагужвана, видела сам да се пита како би то изгледало. Можда је мислио на то сасвим дискретно, али и то се рачуна.

Захваљујем се власнику радње тако што га потапшем по рамену и стиснем. Можда ћу једног дана овде опет доћи и купити четрнаест пари ципела од њега. Наравно, ја их у животу не бих носила, али могла бих да их поклоним бескућницима, који сигурно желе да промене обућу с времена на време. Купићу им практичне ципеле, с улошцима, без штикли и трака. Сигурно мораш много да ходаш кад си бескућник, тако да високе штикле не би биле добар избор.

Степениште је прилично мрачно, али ипак можеш да осетиш бљештавост дневног светла које долази споља, тако да не осећаш страх, само је мирно и прохладно, можда мало устајало. На срећу, на врху степеништа је само један стан. Покушам да уђем, отворено је. Нервознија сам ако куцам, лакше ми је да само уђем унутра. Он седи у својој дневној соби, без мајице је, пије пиво и гледа телевизију. Погледа ме некако смешно, није стварно изненађен.

"Упорна елегантна дама", каже, "ти си један упорни колачић".

Волим кад ме зову колачић. Обожавам то. Обожавам.

Одлазим до кауча и седам сасвим поред њега.

"Да ли знаш да играш валцер?"

Он промени пар канала па онда искључи телевизор. "И шта ћемо сад? Ти си проститутка?"

Ствар је у томе, да мене то уопште не вређа. Осећам неке сексуалне вибрације с његове стране, и то ме пали, осећам се, знаш, живом.

"Не", кажем. "Само ми се свиђаш. Имаш неке планове за вечерас? Петак је вече, можда можемо нешто да радимо".

"Имам нешто испланирано за вечерас", каже. Гледа на сат. "Сада је два. За шест сати".

Његове груди су потамнеле од сунца, мало су млитаве, са меким брадавицама, налик женским. Из неког разлога, тешко ми је и да гледам његове брадавице.

Тако су нежне, као зрело воће, које чека да буде исечено на кришке и сервирано у егзотичној салати од кивија. Желим да се четвороношке попнем на њега и ставим своје палчеве на његове сочне воћне брадавице, па да их притиснем снажно, као да су дугмета за позивање лифта: срце, вози ме високо, до неба. Питам се да ли је срећан, хоћу да кажем, није баш често да те лепа девојка прати до куће и уђе у твој стан? То је срећа. Мушкарци сањаре о томе.

"Па". Изваљује се на кауч, и граби цигарету са сточића. Знала сам да ће то да уради.

"Претпостављам да бих баш желео да исечем ту твоју хаљину".

"Стварно?"

"А-ха". Дубоко је увукао дим цигарете у плућа и онда ју је угасио. Можда би требало да се плашим, али уопште ме није страх. чујем брујање гомиле аутомобила и аутобуса, који иду Улицом Маркет, и то ме чини сигурном.

"Ножем или маказама?"

Смеје се. "Ножем".

"Не знам", кажем му, "мислим да је то мало превише за мене".

"Маказама". Он запали пикавац из пепељаре и пуши.

"Добро. Маказама."

"Можеш да се опростиш од те невероватне хаљине тако лако?"

"Могу". Имам рачун у банци који је велики као твој стан, мислим. Могу да видим на вратима његовог купатила залепљену вешалицу, на којој виси црна мајица.

Одлази у спаваћу собу и враћа се са маказама које имају наранџасте дршке. Хода сасвим полако, иако зна да га све време посматрам. Седа назад на кауч, ништа ближе мени, само хвата хаљину за шав и почиње да је сече, почиње од мог кука, преко струка, поред груди, па около испод пазуха, низ рукав, све до рамена, штриц, око врата. Осећам се као да је узео нож за отварање писама и да ме је нежно отворио, био је тако вешт у томе. Наслањајући се на своју страну кауча, спушта маказе и процењује оно што је урадио. Следећи потез требало би да буде његов.

"Мислим да те нећу додиривати", каже.

Стојим тамо, чекам, тело ми се хлади од ветра који улази с улице, кроз прозор иза нас.

"Шта?" Знам да ми види дојку, ту је, видим је крајичком ока.

"Нећу". Устаје и гледа около.

"Шта, хоћеш да ме вежеш или нешто тако?" Извлачим и другу руку, тако да ми је цео горњи део тела откривен, само су ми ноге и струк још увек умотани у кестењасти сатен. Кауч му је дречаво зелен, и то је интересантан контраст са браон сатеном. На тренутак уживам у томе.

"Да те вежем?" Он одлази до фрижидера и сипа себи чашу воде. "Не. Не радим та срања". Као да не примећује да сам полугола.

"Хеј", кажем му, "шта се овде дешава? Управо си ми исекао хаљину."

"Да", потврђује, "и хвала".

"Али имамо шест сати", објашњавам му, "рекао си да имамо шест сати".

"Па", каже док сркуће воду, с друге стране радне плоче, "шта би ти волела да радиш?"

Устајем са кауча, што значи да хаљина пада на под а да ја остајем гола у високим штиклама, што је, вероватно, оно што сам хтела целог дана, да будем гола, са укрштеним тракама налик обојеним змијама око мојих ножних чланака. Узимам воду из његове шаке, наскочим на кухињску радну плочу и повлачим га према себи ногама. Онда га пољубим, осећам укус цигарете на његовим уснама које су хладне од воде. Он држи затворене усне и ја га притискам целим телом. "Шест сати", кажем, "то је пуно времена".

"Госпођице", каже ми, "Мислим да се то неће догодити овде. Желео сам да ти исечем хаљину. Нећу стварно да те туцам, није ми до тога данас. Жао ми је ако си стекла погрешан утисак".

Опет има своју воду у руци. Узимам воду од њега и пијем гутљај. То је само вода.

"Па знаш", проговорим, "јесам. Сечење хаљине оставља погрешан утисак".

Повлачи се уназад, извлачи се из мојих ногу, лако, без тешкоће, и гледа ми право у очи, право у мене, баш као што ме гледао у метроу, на начин који волим. Наслања се на фрижидер и један магнет пада на под.

"Хоћеш да будеш везана?" каже изненада. "Везаћу те".

Ако буде требало да вриштим, бар неко од милион људи, тамо на Улици Маркет, ће ме чути. Неко ће ме чути и урадиће нешто. Могу да вриштим ужасно, ужасно гласно.

Води ме у своју спаваћу собу, која је сасвим проста, нема ничега на зидовима, ненамештен кревет. Има једну столицу за писаћим столом, и спушта ме на ту столицу, па вади из ормана два каиша. Почиње да уплиће каиш међу дрвена ребра на полеђини столице, и да ми везује руке.

"Спаваћа или дневна соба?" пита ме неким равнодушним гласом.

"Радије бих у дневну собу", кажем.

Диже ме са столицом и односи ме у дневну собу. Руке су ми завезане, па ми брзим, спретним рукама прелази на ноге. Прозор је још увек отворен, тако да мислим на то у ком правцу да вриснем, за сваки случај.

Изгледа да не може да ми свеже обе ноге без новог каиша, тако да истргне појас из својих фармерки, које му онда падну мало ниже на кукове. Угледам оштар угао његове карличне кости. Брадавице су му и даље меке. Нагињем се, осећам се као јелен у клопци, усуђујем се да пољубим једну од његових брадавица, чак и да је мало грицнем, тако су нежне, воћне и бојажљиве те брадавице.

"Ало", одбруси ми," ја овде нешто радим".

Опет се нагињем напред, желим да га пољубим, али он се одмакао од мене, а ја не могу да се померим. Обилази столицу и проверава каишеве. Ја извијам леђа. Моје груди штрче као купе, брадавице ми нису меке. Он седа назад на кауч и укључује телевизор.

"Сад замишљај шта хоћеш", каже ми, "и кажи ми кад хоћеш да те одвежем".

Скакућем са столицом према њему, тако да могу да га видим.

"Како то мислиш?" питам га. Он набија ноге на сточић испред себе и почиње полако да савија моју хаљину.

"Управо као што сам рекао".

"Везао си ме само да би ме везао?"

Ставља хаљину поред себе, уредно је слаже, пролази руком кроз своју косу. Зашто сви сем мене изгледају тако јебено уморно? Превише спавам. Он уздише. "За сада", каже непоколебљиво, "хоћу да гледам телевизор".

Неко време гледам и ја с њим, неки програм о Моцарту. Али не могу стварно да се концентришем зато што су иза телевизора врата од купатила на којима је залепљена она кука, и ја не могу да престанем да је гледам. Мој тата је био милионер, желим да му кажем. Не можеш само да вежеш ћерку милионера и да је не туцаш. Не можеш само да је вежеш голу, док носи скупоцене сандале боје кестена са тракама које јој се обавијају око ногу и са затегнутим стомаком од десет милиона трбушних вежби, и да само гледаш у телевизор! Шта замишљаш, ко си ти?

Хоћу да искочим из столице и кидишем на њега, али не могу, па уместо тога, окренем главу према њему и зурим у њега, прво заводнички, а онда досадно, као пролив.

Погледа ме после неког времена. "Да?"

"Досадно ми је".
"Хоћеш сад да идеш кући?"
"Али имамо шест сати". То звучи као закерање. Чекам на његову реакцију, али он ми не каже да умукнем па онда растргне панталоне једним трзајем. Његово лице је љубазно, још увек уморно, с отромбољеним образима. Желим да наслони главу на моје груди да га утешим, јадни човек који живи сам у овом усраном стану. Јадник. Пусти да те волим на твом зеленом каучу, нека види цела улица, допусти ми да ти дам нешто чаробно између мојих груди. Молим те. Молим те. Пусти ме.

"Госпођице", он понови, "спремна си да идеш кући?"
Почињем да размишљам да одем кући пешке. Наравно, мораћу да одем у једну од оних продавница и купим себи нову хаљину. Позајмићу једну од његових мајица, а ако ми не да, онда ћу се огрнути сатеном као пешкиром. Продавачице ће приметити да сам чудно обучена, али ће такође препознати префињеност материјала и схватиће да сам прави купац. Онда ће ми она главна рећи како се зове и доносиће ми хаљине да бирам, док ћу ја бесциљно да гледам унаоколо. Можда ћу јој испричати причу о овој хаљини, причу са отвореним крајем. И она ће се кикотати, јер ипак сам ја муштерија. Онда ћу се таксијем одвести кући у гламурозној крем тоалети од броката. Мој стан је велики и ја имам огроман телевизор. Имам плишани кауч, уникатни. Имам кабловску. Сигнал ми је бољи него код овог глупог мушкарца с брадавицама. Имам даљински управљач који ради кроз зидове.

Погледам га још једном, он пали шибицу да би пушио ону исту цигарету.

"Не", кажем му, и скљокам се назад у столицу. "Нећу још да идем кући". Он се окрене и погледа ме. "Да ли је то у реду?"

Дискретно климне главом. "У реду је", каже, нагињући се напред да промени програм. "Квиз или вести?"

"Само не вести, молим те". Притисне три пута дугменце на даљинском. Водитељ квиза изгледа веома старо. Стидљиви мушкарац спушта своје лактове на колена и почиње да одговара на тривијална питања. Затварам очи и слушам како жамор победе преплављује собу.

ШТА СИ ОСТАВИО У ЈАРКУ

Стивен се вратио из рата без усана.

Ово је шок за мене, рекла је његова жена Мери, која је последњих шест месеци провела штрикајући џемпере и избегавајући једну бакалницу где је радио известан младић који ју је гледао на известан начин. Очекивала сам усне. Мртвог или живог мужа, али са уснама.

Стивен је отишао у дневну собу, где је стајала његова омиљена фотеља, мало прашњава и некоришћена. Могу-да-једем-нормално, рекао је чудним клепетавим звуком, налик чегртању, због пластичног диска који је покривао и штитио оно што је остало од усана, личио је на крај дечије дудице. Доктори-ће-ми-ставити-нову-кожу-за-неколико-недеља. Кожу-са-мог-длана. Подигао је руку и погледао у њу. Мислим-да-ће-успети, надам-се, рекао је. Само-неће-бити-баш-исто.

Неће, рекла је Мери, неће. Та бомба, казала је, стојећи на другој страни фотеље, знаш, украла ми је твој последњи прави пољубац заувек, а колико се сећам тај пољубац је требало да буде мој.

Те ноћи у кревету, окрзнуо је њене најежене брадавице пластичним диском, као НЛО, и пластика је била тако хладна на кожи. Осетила се као кад су били на факултету, кад су се играли са писаћим прибором као са сексуалним предметима. Њен дечко с факултета, Хенк: Хајде да пробамо с лењиром. Хоћу да те измеримо, Мери. Хоћеш да измеримо тежину притискивача за папир на мојој кити. Ја сам то превазишла, помислила је Мери. Сад ми требају усне. Хоћу само оно основно.

Ништа није рекла, али је опет почела да купује у оној бакалници.

Младић који је тамо радио увек је имао усне, али оне су сад изгледале дупло пуније, сочне и невиђено изазовне, тако, као да су му цело лице прекривале усне. Док јој је наплаћивао млеко и јаја и пасту за зубе, прелазећи преко њих електричним сензором, није могла да престане да их гледа, замишљајући њихов укус. Топли, сланкасти укус тела.

Драго ми је што те видим, рекао јој је, мичући уснама. Нема те већ дуго.

Мери је поцрвенела и почела да се игра са жвакама на каси.

Само узми тај пакетић, казао јој је, нећу никоме рећи.

Стварно? Погледала је какве врсте имају, и изабрала цимет.

Наравно, рекао је, смешећи се, окрећући се наоколо, да види да ли је његов управник гледа. Мисли на мене док их будеш жвакала.

Опет је поцрвенела, ставила жваке у цеп и зграбила две препуне кесе с обе руке.

Треба ти помоћ? Пусти да ти помогнем.

У реду. Предала му је обе кесе, и он ју је отпратио до кола која је паркирала близу реке. Док јој је стављао кесе у гепек, снажно ју је обузела пожуда се придружи тим кесама. Желела је да седне унутра и да и њега позове код себе, и да затворе гепек, и само воде љубав и једу поврће све док се не угуше унутра или док њеном мужу не затребају кола.

Код куће, Стивен је стајао у купатилу, и гледао се у огледало. Мери је стајала иза њега и посматрала како врховима прстију додирује онај диск, и имала је по кесу у свакој руци, све док је није приметио и окренуо се.

Срце, рекао је, брзо-си-се-вратила! Узео јој је кесе из руку, завирио у њих и промрмљао јао-уууу-аааа- у вези хране коју је купила.

О, Мери, казао је, боже-како-си-ми-недостајала. У-том-рову, кад-сам-мислио-на-тебе, видео-сам-анђела. Задрхтао му је глас. Видео-сам-Мери, мог-анђела, овде -у-нашој-кући, са-овим-кесама. Ти-си-ме-вратила-кући. Пружио је руку и она је осетила јагодице његових прстију, како нежно клизе по њеној руци.

Она му је све време била окренута леђима, док је стављала конзерве у кухињски креденац. Можда би, мислила је, да си се онда боље концентрисао, можда би још увек имао усне. Можда није требало да мислиш на своју жену на пијаци док људи бацају бомбе на тебе. Можда је требало да чуваш неке делове свог тела, да би она била срећна кад се вратиш.

Али уместо да му било шта каже, она је слагала конзерве једну на другу, правећи високе зграде равних ивица, стављајући пасуљ на туњевину. Окренула се према Стивену.

Ти си жив, рекла је и загрлила га. Ти си Стивен. Он је снажно притиснуо њен образ диском и пољубио ју је, ---, и она се једва уздржала да не врисне и не сруши све пред собом.

Стивен је јео више него што је она могла да претпостави, па се вратила у ону продавницу после два дана. Младић је био тамо, а она му је понудила једну жваку од цимета. Нацерио јој се.

Хвала, рекао је и узео комад.

Додирнула му је шаку, док је он записивао број њене возачке дозволе на чек, и питала, да ли умеш да се чуваш?

Погледао је у њу. Како мислиш?

Мислим, шта би радио да мораш негде да одеш да ратујеш? Њена рука је лежала непомично на његовој.

Пуцнуо је жваком. Нацртао је мали пиштољ на ивици њеног чека. Не, рекао је, мислим да то не бих могао да урадим. Нећу да се борим у рату. Мислим, како се то уопште ради? Како можеш да знаш како се бори? Нацртао је мале метке који излазе из пиштоља и спуштају се низ ивицу чека, близу места где су били одштампани њено име и адреса.

Мери је климнула главом и вратила возачку дозволу у новчаник.

Знам, рекла је, ни ја. Ја бих се одселила негде другде. Не бих напустила људе с вероватноћом да се никада не вратим. То не можеш да радиш људима, знаш?

Да, рекао је, подигавши поглед према њој: знам шта хоћеш да кажеш. Неподношљиво је изгубити некога на тај начин.

О не, казала му је, намотавајући дршку пластичне кесе, неколико пута око свог зглоба, не слажем се. Не мислим тако. За сада мислим да је најгора ствар, рекла је, нада.

Ноћу се Стивен трзао, имао је ноћне море. Раније то није био случај, спавао је мирно по целу ноћ, а Мери је врхом свог нокта цртала по његовим леђима, и гледала како му се кожа јежи и онда опушта, како се диже и пада као мало планинско сеоце. А сад се превртао по кревету, бацао је покривач са себе, и она је цртала по његовим леђима, али иако му се кожа опет најежила, није могао да се смири. Питала се шта то сања. Неки пут би га и пробудила.

Стивене, казала му је, све је у реду. Ту си. Вратио си се.

Погледао ју је лица орошеног знојем и уздахнуо. – Мери – заклопотао је, то-је-Мери.

То је Мери, рекла је. Да. То сам ја.

Онда ју је толико стиснуо, да јој је било непријатно. Непрестано се премештала све док коначно није заспала на неколико сати, али се поново усред ноћи пробудила и изашла из спаваће собе. Стивен је тада спокојно спавао, леђима окренут њој, са испруженом руком, с дланом окренутим нагоре. Пробала је да гледа телевизију, али је све на програму било или потпуно глупо или већ на средини, тако да није могла да разуме о чему се ради. Искључила је ТВ, отишла и села у двориште, на сам крај травњака, који је био оивичен црвеном дрвеном оградом. Небо је било необично светло, иако је до јутра остало још пуно времена.

Наслонила се на земљу и почела да копа рупу. Земља је била мрвичаста и мека и лако се одвајала, па се она запитала зашто се никада раније није бавила баштованством. То изгледа тако умирујуће, помислила је. Можда је то оно смиривање које ми сада треба.

Легавши доле наставила је да копа све док рупа није постала око метар дубока. Ушла је унутра.

Направила сам ову рупу, рекла је, шта сад да ставим у њу? Питала се шта, док је ходала од кухиње до ходника, где је стајао велики орман који је отворила и угледала она три џемпера које је плела за Стивена у рату, како леже на полици поред шиваће машине. Ево их, рекла је, моји џемпери. Он их неће хтети. Овде ионако, нико не носи џемпере.

Изнела је сва три џемпера напоље и нежно их пресавила, сложивши их један преко другог у јарак. Сетила се како их је плела певајући нитима вуне песме о Стивену, правећи се да га она тиме одржава у животу, иако је знала да је мртав. Морао је бити мртав. Она је само била искренија према себи од других жена. Са сваком петљом, клот и фркет, осећала је хладноћу његових укрућених ногу, нестајање боје с његових образа, знала је да никад неће осетити његове топле руке с набреклим венама око свог струка, никад више неће чути његов глас који јој у уво шапуће да је лепа.

Пустила је да јој кроз прсте пада земља на сложене џемпере, да клизи по ивицама јарка и полако попуњава његов простор, пустила је да земља покрива шарене рукаве. Мртви џемпери, помислила је. Зар није смешно, како је све испало?

. . .

Тамо у бакалници, онај младић носио је сиви џемпер на закопчавање и изгледао јако привлачно.

Надао сам се да ћеш доћи, казао јој је. Мислио сам на тебе.

Стварно? Његова кожа била је тако млада и росна.

Завршавам за неколико минута. Погледао је на свој сат. Хоћеш да се прошетамо или нешто? Баш смо близу реке и пријала би ми шетња пре него што одем кући.

Гледала је како јој један од помоћника пакује кесе и, насумице, ставља јаја одозго.

Хоћу, рекла је. Што да не?

Однела је кесе у гепек, па извукла букет гарденија, које је купила јер су тако заносно мирисале. Осетила се као млада док га је чекала. После минут-два, изашао је из радње без кецеље, једноставно обучен, и изгледао је још млађе.

Овуда, рекао је, идемо овуда. Дивно цвеће.

Постидела се, па га је замолила да он носи цвеће, што је и учинио, спустивши цветове надоле. Ходали су једно поред другог и чула је како дише, лако и самоуверено, била је опседнута његовим уснама. Усне, мислила је. Стварно, стварно ми недостају усне.

Река се преливала преко стења, жуборећи као и свака река. Тај шум је постајао јачи и дубљи, како су ходали, и младић је почео да јој прича о свом животу, о томе како је ово био његов летњи посао, имао је распуст на факултету, и како једног дана жели да купи продавницу са сликарским прибором. Занимљиво, рекла му је, биће занимљиво имати једну такву радњу. Набавићеш много различитих уљаних боја.

Да, рекао је, волим боје.

Река је овде убрзавала свој ток. Хучала је силовито, разбијала се о стење и претварала у пену.

Желим да се бацим у воду, мислила је. Хоћу да се разбијем на овом стењу.

Погледала је у младића.

Да ли умеш да пливаш? Питала га је.

О, да, рекао је. Одлично пливам.

Да ли би ме спасао, рекла је, ако бих ушла? Јер ја нисам баш најбољи пливач.

Ушла би овде? Показао је на реку, да би се уверио да је на то мислила. Јако је хладна, рекао је, и брза. Није баш најбоља идеја да уђеш тамо, ако не знаш да пливаш.

Али као што сам рекла, инсистирала је, да ли би ме спасао?

Деловао је збуњен. Није то очекивао од ње. Претпостављам да бих покушао, рекао је, знаш, ако би стварно била у опасности. Удаљио се за корак од ње. Она му је пришла.

Драго ми је, рекла је.

Он се спустио на нижу стазу, тако да је сад одједном био исте висине као она, и она му се унела у лице и пољубила те усне, да би се подсетила. Биле су тако меке. Пољубила га је на трен, а онда је морала да се помери, усне су биле сувише мекане, та мекоћа ју је убијала.

Хеј, рекао је младић, лепо.

Мери је села на земљу и осећала се као да не може да преживи чињеницу да на свету, у коме и она живи, постоји нешто тако мекано. Усне и она нису могли да постоје заједно. Не. Младић је сео доле, хтео је опет да је пољуби, али она му је рекла сад морам да идем. Да ли сам ти рекла да сам удата?

Не, рекао је, нисам знао да си удата. Погледао јој је руку и угледао прстен. У реду. Види ти то. Страва.

Она је мислила на Стивена и његов диск, и на то како ће притиснути своје усне на те пластичне кривине, стискајући их, све док не утисне своје лице у његово. Гураће кроз његову кожу и кроз његове кости и кроз онај тихи топли простор иза затворених очију, ћелију по ћелију, без оружја. Тамо унутра, мислила је, унутар његовог ума, и кроз његов крвоток, без прозора и врата и њеног плетења или његове фотеље, можда би тамо унутра могла да држи њихова лица у својим рукама, размишљајући да ли може да му опрости.

Она је устала а младић је пружио руку према њој, ону у којој није стајало цвеће, и хтео је да је привуче назад к себи, желео је опет њену пажњу.

Стварно, рекао је, спасао бих те, знаш, у вези оног што си причала малопре.

Да, казала је, сигурна сам да би покушао.

Почела је да се враћа, и он ју је пратио. Био је тако млад, опет је само причао о себи, па се она окренула и посматрала сенке дрвећа како праве линије по тлу. Шутнула је пар каменчића. Кад су се вратили на паркиралиште, ухватила га је за руку и стиснула је за секунд. Имао је чврст стисак руке.

Врати се, даћу ти још бесплатних жвака, казао је, враћајући јој цвеће.

Добро, рекла је, увек ми требају бесплатне жваке.

Одшетао је, и изгледао је прилично збуњен, и није му било јасно шта се заправо десило, да ли га је она одбила или не. Мери је бацила гарденије на седиште, ушла у кола и одвезла се кући. Заборавила је на све намирнице и оставила их у гепеку. Касније, кад је отишла да их узме, само се млеко било покварило, па је испуштало јак мирис.

Уместо хране, зграбила је цвеће и ушла да види Стивена. Седео је у фотељи и дремао. Стајала је изнад њега и гледала га како се трза, како му се руке подрхтавају и дижу се, као да је дрогиран. Он је био у њеној кући: њен муж, љубав њеног живота. Вратио се. Успео је. Отишао је и вратио се. Желела је опет да га упозна. Да уђе у његове ноћне море и буде тамо с њим, да се бори с његовим демонима својим добрим оружјем. Хтела је да му се придружи, али фотеља је била преуска, а мозак је био само његов, и све што је видела у јарку били су џемпери и пресветло небо.

Испружила је руку да га продрма, али јој се рука зауставила у ваздуху, и није се мицала. Није било руке, нити било чега што је њу тражило. Помицао се у сну и нешто неразговетно викнуо. Мери је клекнула на тепих.

Стивене, шапутала је, толико ми недостајеш, али све је у реду код куће.

Стивене, рекла је, суседи су купили пса, а ја пуштам косу.

Погнула је главу. Скинула је пластику с цвећа, и веома пажљиво пољубила букет гарденија, који је спустила на његов стомак.

Ево, љубави, рекла је, донела сам ти ово цвеће.

Држала је погнуту главу. Стивен се пробудио од мириса гарденија, померио се и трептао очима.

-Мери-, рекао је, -цвеће-, како-је-лепо.

Ставила је руке преко ушију и почела да плаче.

ЧИНИЈА

Дај ми да је отворим за тебе.

Имаш поклон у крилу, прелепо запакован, а није ти рођендан. Осећаш се дивно, као да неко зна да си жива, али у исто време осећаш и страх, јер би унутра могла да буде бомба, мислиш да си толико важна.

Кад скинеш украсни папир (нема мале честитке), пронађеш чинију, зелену споља а белу унутра, чинију за воће или за мућење. Збуњена си, али послушно стављаш четири банане унутра и вратиш се да радиш оно што си радила малопре: укрштене речи. Потајно се надаш да је то поклон тајног обожаваоца, али ако јесте, питаш се, зашто баш чинија? Шта можеш да научиш и какве користи имаш од зелено-беле чиније?

Ово се дешава кад мислиш на свог последњег љубавника и кад се због тога осећаш лоше. Или кад држиш оловку изнад укрштених речи а буљиш у зид. Ово се дешава и кад се сама себи гласно смејеш, због нечег смешног што је он једном рекао у вези са укрштеним речима, и осећаш се комичном што те још увек забавља бивши љубавник, који је спавао окренут према зиду и желео то много мање него ти.

Ти желиш много.

Одеш да направиш себи чај, и док грејеш воду у чајнику, проспеш сав шећер на под. Све се улепи и шећер ти је свуда по ногама, и то ти баш смета, па одеш да се истушираш. Како се од топле воде у купатилу подигне пара, то те подсети на незавршени чај, па гола одјуриш у кухињу да провериш да ли си оставила укључену ринглу. Кућа је хрпа пепела, у којој постоји још само купатило. Станеш преко пута шпорета. Шпорет је искључен, кажеш себи. Ти си искључена. Провериш сваку ринглу, једну по једну, па рерну. Све је искључено. Одеш да се истушираш и не обраћаш пажњу на своје тело. Користиш меки насапуњани сунђер уместо руку, и кад завршиш, сва си свежа, растерећена и безлична. Постала си нико.

На послу: умро ти је шеф. Замисли, чујеш да ти је шеф јуче умро од срчаног удара у купатилу, док се туширао, и прво на шта помислиш је да ли још имаш посао, а друга мисао је подла, ионако си хтела да умре. Био је огаван шеф. За радним столом, на послу, осећаш грижу савести и не знаш тачно шта да радиш, пошто немаш више шефа, ко сад одређује правила? Кога да питаш? Напишеш на папиру листу ствари које треба да завршиш, али онда само мирно седиш и не завршиш ништа. Сетиш се тада чиније, па се питаш да ли чинија има неке везе са смрћу твог шефа, да ли је то била нека порука. Одлучујеш да то није порука, већ пука случајност.

За ручак наручујеш поврће припремљено на пари, јер се изненада сетиш да и ти имаш срце. Осећаш према свом срцу страхопоштовање, јер ради тако напорно. Желиш да му се захвалиш. Благо се потапкаш по грудима. Кад поврће стигне, избројиш да је дванаест комада на тањиру, јаркозелено и топложуто, исецкано на отмене колутиће и ромбоиде, који би требало да те заварају, јер поврће је тако неукусно. Прелијеш га лимуном и путером, али ти знаш да је све то с поврћем велика превара. После неколико цветова брокола, одлазиш из ресторана и остављаш скоро пун тањир, сав сјајан од путера, да би посетила свог брата. Он ради у ватрогасној служби, и згодан је у својој униформи. Кад му кажеш да ти је шеф умро, он полуди. Пита се да ли је могао да га спасе да је био тамо, он зна да пружа прву помоћ, уста на уста и масажу срца. Твој брат има исто лице као ти, само боље изгледа, то јест ти би боље изгледала као мушко. Размишљаш о женама које су га волеле и које су га гледале у лице док је он продирао у њихова тела, и како је то скоро као твоје лице, али у исто време дефинитивно није. Осећаш се насамареном.

"Енди", питаш га, " да ли би ми средио да се видим с неким ватрогасцем?"

Смеје се. "Сигурно". Никад пре га то ниси питала, вероватно мисли да се шалиш.

Идеш кући раније јер ти је умро шеф. Чинија с воћем је ту, и на неки чудан начин те подсећа на нешто, само не знаш јасно на шта. Извадиш банане и ставиш их на радну плочу, а чинију напуниш топлом водом. Потопиш у њу своје руке, тако је пријатно. Отпеваш себи неку песмицу, о чинијама с воћем и о топлој води, песмицу коју си управо смислила. Хоћеш ли стварно изаћи с ватрогасцем, и ако изађеш да ли ће те пољубити? Да ли се ватрогасац љуби споро или хитно? Хоће ли ти задићи мајицу, или ће побећи да гаси пожар, кад све међу вама буде изгледало добро?

Лежеш доле на наранџасти тепих и затвараш очи. Страшно си усамљена. чујеш куцање на вратима, и прво помислиш да ти се причињава зато што си тако усамљена. Али куцање се понавља, и овај пут је тако снажно, да не може бити измаштано. Ово није пристојно куцање.

Провириш кроз шпијунку. Видиш човека у оделу. Можда је ту да би те испитивао о смрти твог шефа, да ли си га ти убила. Отвараш врата.

"Овде сам", каже, "да узмем назад чинију".

"Шта?" Његове обрве се скоро издигну с лица, дајући очима велику дубину. Он је старији човек који изгледа као да га живот не чини срећним.

"Овде сам да вратим чинију за воће. Мислим да сте, сасвим случајно, јутрос добили једну од чинија. Завијену у шарени папир? Зелену чинију за воће?"

Ти си запањена и збуњена, значи, ипак није била за тебе? Излијеш сву воду и даш му чинију за воће и он климне главом. Оцеди остатак воде на твој отирач. човек делује љутито, помислиш да си ти крива за то, али онда схваташ да то уопште нема никакве везе с тобом, што је депримирајуће. Искрене мало главу у знак извињења, и оде с чинијом. Затвориш врата за њим. Желиш је назад. Желиш чинију назад. Отвориш врата да викнеш за њим, господине, то је моја чинија, добила сам је на својим кућним вратима, са мојим именом на украсном папиру, то је моја чинија, господине, вратите ми чинију. Али њега нема. Идеш тротоаром и гледаш низ улицу, али он је отишао. Видиш само три детета која возе бицикл по стази за бицикл, како круже, седмогодишњаци, праве мале кругове по тој стази, јер се сувише плаше да возе тамо где би могла ићи кола.

МАРЦИПАН

Недељу дана пошто му је отац умро, мој отац се пробудио са рупом у стомаку. Није то била мала рупа, нека врста дискретног удубљења у кожи, то је била рупа величине фудбалске лопте, која га је пробуразила. Могао си да гледаш кроз њега, као да је огромна шпијунка на вратима.

Шерон! То је оно чега се прво сећам. Позвао је моју мајку, гласно, позвао ју је да уђе у спаваћу собу, а моја сестра Хана и ја смо стајале испред и бринуле. Је ли развод? Нервозно смо се вртеле, и ја сам осетила снажно подрхтавање стомака од радости, јер било је нешто у вези с разводом што ми је изгледало узбудљиво.

Мајка је изашла напоље, одсутног погледа.

Идите у школу, рекла је.

Шта је било? питала сам. Хана је покушала да провири у собу. Нешто није у реду?, питала је.

За вечером су нам рекли и обећали су да ће нам све показати после десерта. Кад смо рашчистили сто, мој отац је подигао своју белу поткошуљу, и ми смо угледали, на месту где други људи имају стомак, округлу рупу. Кожа му је зарасла и обложила цео опсег круга.

Шта је то? Питала сам.

Протресао је главом. Не знам, онда је изгледао јако уплашено.

Где је сад твој стомак? питала сам.

Мало се закашљао.

Да ли си јео?, рекла је Хана. Видели смо да си јео.

Лице му је пребледело.

Где је отишла храна? питала сам. Тад смо нас две, његове ћерке, имале ја десет а она тринаест година.

Више немаш пупак, рекла сам. У ствари, ти си цео сад пупак.

Моја мајка је престала да пере судове, ставила је руку на свој врат, обухватајући и вилице. Девојчице, казала је, сад тишина.

Могли смо тату да натакнемо као привезак на наруквицу. Циновска чаробна наруквица са новим човечуљком који се мрда, то бисмо могли да покажемо циновским дамама на журци за цинове. (Боже, боже, огласиле би се. Тако је активан!)

Моји родитељи су следећег дана отишли код доктора. Интерниста га је послао на рендген и изјавио да су му сви органи на броју. Онда су отишли код гастроентеролога. Он је рекао мом оцу да храну вари лучно, да се органи савијају у облику омче, са стране, и да су му сва црева, иако доста стешњена, још ту и да добро функционишу.

Прогласили су га потпуно здравим.

Моји родитељи су сишли у хладни подземни паркинг, и колима кренули кући.

На пола пута до куће, док су пролазили кроз зелено светло, мајка је рекла оцу да стане, што је он урадио, па је отворила предња врата и испраћала се на ивичњак.

Окренули су се назад и вратили код доктора.

Интерниста јој је узео крв, отишао, вратио се и намигнуо.

Изгледа да си трудна, рекао је.

Моја мајка, у четрдесет трећој, ставила је руку на свој стомак и разрогачила очи.

Мој отац, у четрдесет шестој, ставио је руку на свој стомак, али рука је нажалост прошла кроз стомак.

Те вечери стигли су кући у шест и петнаест, Хана и ја смо се бринуле, биле смо одлучиле да у шест сати почиње време за бригу. Одмах су нам објавили обе вести: тата је добро, мама је трудна.

Хоћеш да родиш?, питала сам. Волела бих да останем најмлађа, рекла сам. Нећу ново дете.

Моја мајка је чешкала потиљак. Наравно да ћу да родим, казала је. Ово је посебна прилика и ја много волим бебе.

Мој отац је, који је лежао на каучу, с једном руком попут птичије главе савијене у стомаку, био баш добро расположен. Зваћемо га по мом тати, рекао је.

А шта ако је девојчица? Питала сам.

Едвина, одговорио је.

Хана и ја смо почеле да кокодачемо и да се ругамо, па нас је он послао у нашу собу, због непоштовања према деди.

За девет месеци, рупа мог оца је била иста као пре, а моја мајка је имала највећи стомак миљама унаоколо. чак је и доктор био одушевљен. Највећи који сам икад видео, рекао јој је.

Моја мама је била бесна. Осећам се посрано, рекла је те ноћи за вечером. Стрељала је очима мог оца. Мислим стварно. Ти уопште ниси много висок.

Отац је гунђао. Он је био јако поносан. Највећи стомак икада. Била је то добра сперма.

Сви смо отишли у болницу, на мајчин порођај. Хана се шетала ходницима и причала са стажистима, а ја сам стајала поред мајчиних рамена, нервозна. Размишљала сам да би, кад би мој отац легао, потрбушке, преко мајке, њен стомак провирио из његове рупе. Могла би да га носи као велику, меснату даску за ВЦ шољу. А он би могао да се врти на њеном стомаку као беж пропелер.

Она се напињала и грчила лице, и опет напињала и грчила лице. Доктор је стајао крај њених колена, а његов глас је био пун охрабрења: још само мало, браво девојко, идемо – сад!

Али није све испало баш онако како смо очекивали.

Кад је, напокон, између њених ногу, провирила глава, докторово лице се скаменило од шока. Гледао је пренеражено. Престао је да виче: гурај, гурај, и глас му је промукао. Отишла сам на његову страну да видим шта се дешава. И видела сам да глава која се помаља међу мајчиним ногама, није глава бебе, већ старице.

Господе, рекао је доктор.

Моја мајка је села.

Ја сам трепнула.

Шта није у реду? рекао је мој отац.

Хана је ушла. Да ли сам нешто пропустила? питала је.

Старица се сама извукла, измигољила се из стомака, склонила пупчану врпцу са своје руке, узела хируршке маказе и пресекла пупчану врпцу. Није плакала. Рекла је јасно: Хвала Богу. Било је толико вруће пред крај, да сам мислила да ћу се онесвестити.

О, Боже, рекла је Хана.

Моја мама је буљила у познато изборано лице преко пута ње. Мама? Рекла је танушним гласом.

Старица се окренула према мојој мајци. Душо, казала је, одлично си то обавила.

Мајко? Моја мајка је ставила руку преко једног увета. Шта радиш ту? Мама?

Нисам престајала да трепћем. Доктор је занемео.

Моја мајка се окренула према оцу. Чекај, рекла је. Чекај. На Флориди. Сахрана. Зар се то није догодило?

Старица ништа није одговорила, само је обрисала усирену крв са свог зглоба и отресла је на под.

Отац је повратио глас. Ја сам крив, рекао је тихо, и спуштене главе, подигао је своју мајицу. Доктор је шокирано гледао. Моја мајка је хитро дохватила његову мајицу, и трзајем је спустила.

Ниси, рекла је. Обрати пажњу на *мене*.

Хана је закорачила напред, лактом гурнула доктора, који је и даље зијао, у страну, и покушала да погледа унутра.

Где је беба? питала је.

Моја мајка се обгрлила рукама. Не знам, рекла је.

То сам ја, рекла је мајчина мајка.

Ћао бако, поздравила сам је.

Хана је почела да се смеје.

Доктор је прочистио грло. Људи, рекао је, ово овде је ваша беба.

Моја бака је испружила своје изборане ноге, стала на њих, и ходала, сва мала, танушног, спарушеног тела, старог и отромбољеног, све до купатила. Тамо је, из гомиле наслагане одеће поред врата, изабрала белу болничку хаљину од крепа. Хаљина јој се заглавила на љигавом куку. Затворите очи, децо, рекла је преко рамена, сигурно не желите да видите голу стару госпођу.

Доктор је изашао мрмљајући, имам посла, имам посла, имам посла.

Моја мајка је гледала у под.

Жао ми је, рекла је. Очи су јој се напуниле сузама.

Мој отац је спустио длан на њен образ. Зграбила сам Хану за руку и одвукла је до врата.

Бићемо испред, рекла сам.

Чули смо како јој се глас стеже од суза, кад смо излазили. Девет месеци!, понављала је. Да сам знала да ће то бити моја мајка попушила бих бар неколико цигарета.

У ходнику сам зурила у Хану, а она је зурила у мене. Едвина? Рекла сам и обе смо се пресамитиле, тако смо се развалиле од смејања, да сам морала да трчим у купатило да се не бих упишкила у гаће.

. . .

Тог поподнева сви заједно смо се довезли до куће. Бака на задњем седишту, између мене и Хане, завијена у покривач за бебе, који је сама исплела, пре много година.

Сећам се овога, приметила је, показујући прстом на светлорозе плетиво. Добро сам то исплела.

Док је возио, мој отац је чачкао своју рупу.

Мислио сам да ћемо можда добити бебу без стомака, рекао је мојој мајци, на предњем седишту. Овоме се нисам надао.

Ставио је руку на њено раме.

Волим твоју мајку, рекао је, милујући јој руку.

Мајка се укочила. И ја такође, рекла је. И, шта с тим?

Нисам била на сахрани очевог оца. Сахрана је била у Тексасу, а ја сам се тек излечила од стрептокока у грлу, па су сви мислили да је боље да Хана и ја останемо код суседа за викенд. Мислите на нас у недељу, рекла ми је мајка. Носила сам црнину у недељу, али Хана, она је увек била права бунтовница, она је носила пурпурну хаљину, и онда смо заједно сахраниле праменове наше косе испод вретенастог и дугог корења засађеног цвећа наших суседа.

Кад су се вратили, питала сам оца како је било. Погледао је у страну. Тужно и брзо, рекао је, чешкајући врат.

Да ли си плакао? питала сам.

Плакао сам, одговорио је. И ја плачем.

Климнула сам главом. Видела сам те једном како плачеш, уверавала сам га. Сећам се, плакао си због наше химне.

Потапшао ме је по руци. Било је јако тужно, рекао је гласно.

Овде сам, рекла сам му, не мораш да вичеш.

Отишао је до зида и истргнуо урамљену црно – белу фотографију младог деде Едвина.

У сваком случају, био је јако згодан, рекла сам, а мој отац је положио руку на моју главу – био је то најтежи и најбољи шешир.

После болнице, кад смо стигли кући, Хана и ја смо сместиле баку у гостињску собу, а наши родитељи су се вратили у дневну собу, срушили су се: отац, сав пометен, на кревет, а мајка, на под, где је почела да ради трбушне вежбе.

Јебеш га ако сам због мајке упропастила своје тело, гунђала је. Јебеш то срање.

Донела сам књигу о пешчаним крабама у дневну собу, и правила се да читам на каучу. Хана је одмах отишла да телефонира. Мајке ми!, чула сам је како говори. Кунем се!

Мој отац је гледао моју мајку: глава, колена. Горе, доле.

Ти барем можеш да радиш трбушњаке, рекао је.

Подигла се шкргућући зубима и легла доле. Баш добра сперма, рекла је, скоро пљујући.

То је чудесна сперма, рекао је мој отац.

Извините, рекла сам, и ја сам у соби.

Чудо?, казала је мајка. Направи свог тату онда. Реци својим јебеним хромозомима да поново створе њега.

Из њених груди почело је, беспотребно, да цури млеко, и да кваси њену мајицу – облачасте мрље од млека, налик слепим очима које зуре у плафон. Урадила је сто вежби и легла на под.

Мама, рекла сам, да ли си добро?

Могла сам да чујем Хану како говори из друге собе: Умрла је у октобру, говорила је. Да, видела сам својим очима.

Моја мајка је окренула главу према мени. Дођи поред мене, рекла је.

Спустила сам књигу, отишла до ње и клекнула.

Ставила је руку на мој образ. Срце, рекла је, кад умрем?

Очи су ми се пуниле сузама, одједном.

Немој да умреш, рекла сам.

Нећу, казала је, ја сам јако здрава. Нећу још. Али кад умрем, рекла је, желим да ме пустиш да одем.

Дозволили су ми да присуствујем бакиној сахрани. Била сам скоро све време поред Хане, али кад су рођаци почели да се разилазе, нашла сам мајку како сва скврчена седи у углу белог кауча – забачене главе, лица згрченог од бола.

Села сам поред ње, угурала се под њену руку и рекла, мама, тако си тужна.

Није померила главу, само ме је помазила по глави и додала: Истина је душо, тужна сам и плус.

О оном плусу је никад нисам питала. Није ме наљутио начин на који је то рекла.

Престала је са трбушним вежбама у пола једанаест увече. Већ је прошло време кад обично спавам, и ја сам лежала у кревету, сва ушушкана, светла су била угашена. Пре него што ћемо заспати, Хана и ја смо се кикотале.

Можда ћу ја тебе да родим, рекла сам, милујући се по стомаку.

Она је уздахнула. Можда ћу ја родити себе, прошаптала је.

Тако нешто ми није пало на памет.

После неког времена, престала је да ми одговара на питања. Продрмала сам свој стомак, чисто да се уверим да је још ту и да је уобичајеног облика. Крчала су ми црева.

Чула сам како је мајка дубоко уздахнула у дневној соби и мирно бројала: три стотине пет, три стотине шест, стала је.

Тихо сам устала из кревета и изашла на прстима у ходник, отац је спавао на каучу, а мајка је сређивала полице за књиге, ређајући оне које су лежале хоризонтално у вертикалне низове.

Мама, позвала сам је.

Није се окренула, само је пружила руку, и ја сам отишла право према њој.

Бебо моја, рекла је, а ја сам се осећала као да цветам.

Селе смо заједно, загрљене, и преплеле ноге, као што смо обично радиле. Ноге су јој биле топлије него обично, од гимнастике, чак и мало влажне. Наслонила је своју главу на моју и обе смо гледале право испред, на затворене завесе боје слоноваче, прошаране смеђим мрљама.

Гладна сам, рекла сам.

И ја.

Устале смо и отишле до фрижидера. Ја сам пронашла остатке шпагета. Мајка је отворила замрзивач, претурала мало по њему, и извукла половину торте.

Нисам ни знала да смо имали торту, мрмљала сам устима пуним теста.

Споља је било чоколадне глазуре, а торта је била пажљиво запакована у пластичну кесу.

То је с бакине сахране, рекла ми је.

Трепнула сам. Стварно, она од марципана? *Обожавала* сам ту торту.

Пробала си је? Мајка је извукла колач из кесе.

Појела сам најмање три парчета. То је била, од кад памтим, најукуснија храна на бдењу.

Исекла је танко парче и ставила на мој тањир.

Већина десетогодишњака не воли марципан. Ово је омиљени бакин марципан, рекла је, мора да си од ње наследила укус.

Грицнула сам крајичак. Био је хладан и мрвичаст због замрзивача.

Укусно, рекла сам, уживајући у укусу бадемове пасте, чија ми се арома ширила у устима.

Мајка је исекла и себи парче, узела виљушку из цедиљке за судове, и села преко пута мене.

Зашто си је чувала?, питала сам је.

Слегла је раменима. Знаш, неки људи чувају торту с венчања, рекла је стављајући у уста залогај.

Ујутру, отац је у крилу држао фотографију свог оца.

Едвин, рекла сам, згодни деда Едвин.

Привукао ме у загрљај. Деда Едвин имао је густе кестењасте локне.

Он је у ствари био говнар, рекао је.

Почела сам да се смејем: гласно и много.

Ставио ми је длан преко уста, а ја сам наставила да се смејем у његов длан.

Пст, Лиза, рекао је. Немој да се смејеш.

Смешно је, церекала сам се.

Немој да се смејеш мртвом човеку.

Смејала сам се још мало, али то церекање је било упола слабије од претходног.

Како ти је рупа? Питала сам га кад сам завршила. Да ли те боли?

Не, није то ништа нарочито.

Могу да видим?

Подигао је своју танку мајицу.

Могу да пипнем? питала сам. Климнуо је главом. Јако опрезно сам спустила јагодице својих прстију у унутрашњост рупе, његова кожа деловала је као права кожа.

Па где мислиш да је отишло?

Шта, рекао је, кожа?

Све, кожа, ребра која су ту стајала, стомачна киселина, све.

Претпостављам да је све ту унутра, рекао је. Претпостављам да се стиснуло на странама.

Мислим да је страва, рекла сам, замишљајући нову спортску игру, налик кошарци, где би се лопта убацивала у мог тату.

Спустио је мајицу доле, завеса је пала. Ја не мислим, рекао је. Али ме није убило, и на томе сам захвалан.

. . .

За вечеру је бака скувала своју чувену чорбу с малим виршлама, које су плутале у густом чорбастом пасуљу.

Недостајала ми је ова чорба, рекла сам, мислила сам да никад више нећу јести ову чорбу. Ово ми је најомиљенија чорба на целом свету.

Хани је случајно пао комад хлеба унутра, па је почела виљушком да чепрка по чинији.

Хајде да се ухватимо за руке, рекла је моја мајка, пре него што почнемо.

Појела сам пуну кашику.

Ухватила сам Ханину и бакину руку. Једна је била нежна и мека, и друга је била нежна и мека, само су то биле другачије врсте нежног и мекот.

Моја мајка је затворила очи.

Ми се никад не молимо, прекинула сам је.

Данас се молимо, рекла је моја мајка.

Савила сам главу.

Шта треба да кажемо?, питала сам, гледајући у чорбу, која се љуљала горе-доле. Нешто о хлебу?

Пст, рекао је отац. Ово је тиха молитва.

Не није, рекла је мајка, само још увек размишљам.

Ау, рекла је Хана оцу, превише ме стискаш.

Мислим да би требало да смо захвални, наговестила сам.

Хана се окренула и зверски ме погледала. Умукни, рекла ми је. Дај јој минут.

Бака је била тиха, мирисала је своју чорбу.

Фали соли, прошапутала је бака.

Мајка нас је погледала.

Нисам сигурна шта да кажем, рекла је. Намрштила се несигурно.

Хајде нешто да измислимо, рекла сам. Стегнула сам Ханину и бакину руку, и у исто време су и оне мене стегнуле.

Ја ћу да почнем, рекла сам, па ћемо сви у круг.

Мајци је лакнуло. Одлично, рекла је, то звучи добро.

Хтела бих да захвалим, почела сам, за своје родитеље,

своју сестру и необичнан бакин долазак... окренула сам се према Хани.

...И за бакину супу која је најбоља супа и која је много боља од оне рибе коју ћемо после да једемо. Онда је погледала оца.

Он је прочистио грло. У добрим молитвама има нешто о преживљавању, рекао је. Хвала на томе.

Моја мајка га је погледала. То је тако безлично, рекла је.

Слегнуо је раменима. Ја сам забрљао, рекао је. Преживљавање ми је веома важно.

Моја мајка нас је све погледала, и ја сам могла да видим пламен свеће како трепери близу њеног ока. Зурила је у своју мајку.

Сви смо чекали.

Ред је на тебе, рекла сам за случај да је заборавила.

Није ме ни погледала. Устала је, прекинула ланац наших повезаних руку, и села је поред своје мајке.

Отац је почео да једе чорбу.

Имам торту која ми је остала с твоје сахране, рекла је.

Осетила сам узбуђење. Стиснула сам Ханину руку. Она је рекла ау.

Торту? рекла је бака. Какву торту?

Торту с марципаном, рекла је мајка.

Бака се насмешила. Марципан? Обожавам марципан.

Устала сам, хтела сам ја да будем главна. Отишла сам до замрзивача, отворила га, мало претурала и пронашла торту заглављену у трећој прегради, као малу фудбалску лопту.

Ево, рекла сам. Ту је.

Мајка ми је отела из руку.

Само пробај, рекла је.

Хајде сви да узмемо по мало!, рекла сам. Сви можемо да једемо погребну торту!

Само мало, рекла је мајка.

Молим те, хајде! поновила сам. Хајде да је поделимо на пет парчића.

Мајка ме је погледала.

У реду, рекла је. Пет парчића. Лице јој је изгледало изборано и уморно док је секла торту. Свима сам додала по парче. Бака је своје одмах загризла.

Ммм, рекла је. Како је добро, ово је стварно добро.

Моја мајка није јела своје парче. Умотала га је назад у пластику.

Бака је наставила да једе и да хукће. Загризла сам своје парче. Хана ми је дала свој део, она мрзи марципан. Скоро сам је загрлила због тога. Отац је брзо јео, као да је у питању предјело.

Сећам се, рекла је моја мајка, сви смо мислили да би ти се допала. Сви смо рекли да би ти обожавала такву торту.

Моја бака је облизала уста. Много ми се свиђа, рекла је. Показала је прстом. Хоћеш ли ти појести своје парче?

Не, рекла је мајка.

Да ли могу ја да га добијем? питала је. Нисам јела тако добар марципан не памтим од кад.

Не, одговорила је мајка, стављајући руку преко колача. Желим да чувам своје парче, рекла је.

Ма хајде, рекао је мој отац, дај госпођи њен колач. Па то је била њена сахрана, побогу.

Ја сам појела свој комад. Имала сам и Ханин.

Ево, бако, рекла сам, Хана није хтела своје парче. Тутнула сам тврдо беличасто парче на њен тањир.

Хвала драга, рекла је бака.

Ја желим своје да сачувам, поновила је мајка.

Хана је почела са чорбом. чуо се тупи звекет њене кашике у чинији.

Чорба је одлична бако, рекла је.

Мммм, рекао је мој отац.

Мајка је мирно седела поред свог тањира. Торта увијена у пластику лежала је поред њене кашике. Није пип нула чорбу. Виршле су престале да плутају и постале су непомичне.

Појешћу твоју чорбу, ако ти нећеш, рекла сам мајци.

Гурнула ми је своју чинију. Претварала сам се да сам она док сам јела. Замишљала сам да ја једем а да се она храни.

Кад сам завршила, питала сам: Да ли могу да устанем?

Нико није одговорио, па сам остала.

ДРУГИ ДЕО

Молим, тишина

Без коже

Фуга

Пијана Мими

Сатри ову девојку

МОЛИМ, ТИШИНА

Тихо је у свим осталим деловима библиотеке.

У малој соби, жена се измигољила испод мушкарца. Сад ме јеби као пас, каже му. Она зграби јастук и стегне га песницама, а он јој дахће за вратом, врели ваздух јој се спушта низ леђа, од ког постаје знојава, његов стомак клизи по њој. Она не жели да јој он види лице које само што није прсло, црвено је и разјарено, и она прави гримасе гледајући у бледи зид, који је хладан кад спусти руке на њега да би му помогла да продре опет у њу, да би јој курац напунио цело тело, све док више ништа њено не остане изнутра: само курац.

Жена је библиотекарка и тог дана јој је умро отац. Кад је јутрос примила телефонски позив од уплакане мајке, повратила је, па се обукла за посао. Док је седела исправљених леђа за својим столом, питала је младог мушкарца веома љубазно, оног који стално долази у библиотеку због бестселера, кад је последњи пут легао са женом. Он испусти неки чудни звук и она каже псссст, ово је библиотека. Она има скупљену косу и носи наочаре, али свако има своју фантазију о библиотекарки, а она је уистину, испод те маске права мачкица.

Увек сам фанатазирао о библиотекарки, каже он.

Она му се осмехне, али му понови исто питање. Она не жели неког потпуно неискусног у тој ствари али ни жиголо не долази у обзир. Ово је важно јебање за њу. Он јој каже да је прошло пар месеци, делује снебивљиво, али искрено и пуно наде. Она каже одлично и каже му да тамо позади има једна соба с каучом за људе којима се врти у глави или којима позли у библиотеци (што се дешава изненађујуће често), и пита га да ли би дошао тамо за пет минута? Он климне главом, већ замишља како се хвали својим пријатељима, како држи монолог. Има зелене очи и још увек нема боре.

Налазе се у собици, и она спушта ролетну на малом прозору. Она би желела да је овај секс поцепа, да је раздере, да је убије, јер не може да поднесе чињеницу да јој је умро отац. Толико пута је пожелела да он умре, да је сад тешко разликовати машту од стварности. Њега више нема? Заувек? Није она никада стварно желела да он умре, ни кад га је гледала у лице и замишљала како му се ножеви забадају у тело. Није заправо то хтела, да он стварно умре. Пита се да ли је умислила да је примила тај позив, али јасно се сећа мајчиног гласа како је цвилео и постајао све јачи и јачи, тај глас био је тако стваран и истинит, да она то није могла да поднесе и желела је да оде да се туца с неким другим. Младић се сад уморио, али се клибери, као на седмом небу. Он размишља кад може опет да дође и да буде с њом, али она је сигурна да га никад више неће пожелети. Њена коса је расплетена, без наочара је, одећа јој је на поду и она је појебана библиотекарка, а он је гледа с обожавањем. Она стеже његов ручни зглоб и концентрише се да се среди. За десет минута, она је опет за радним столом, препоручује неком клинцу феноменалну књигу, која се налази на полици број десет, и уколико се не нагнеш према њој и не помиришеш је, никад не би знао шта је радила.

На лучном плафону библиотеке је мурал са вилама које играју. Руке су им испреплетене, дуге косе ношене ветром. Пошто људи често гледају у плафон, кад су у библиотеци, мурал је постао познат. Библиотекарка забаци главу и дубоко удахне. Једној од вила недостају уста. Избледела су од јаке сунчане светлости, и она гледа у своје пријатељице виле пурпурним очима, немо. Библиотекарка не воли да је гледа, па уместо тога спушта поглед на људе.

Док прелеће погледом по читаоници, она је изненађена колико има згодних мушкараца тог дана. Свугде су: ослоњени на дрвене столове, стоје усправљени између клупа: мушкарци који преврћу странице својим лепим рукама. Библиотекарка је тог дана, на дан очеве смрти, сва напаљена, преплављена пожудом какву никад до сад није осећала, и чека на једног од тих мушкараца да приђе њеном столу.

Чекање траје пет минута.

Овај пут, прилази јој пословни мушкарац с прслуком. Пита је да му препоручи неку књигу о пецању, кад му она изнесе свој предлог. Лице му се озари, а прозирне очи га одају, млади мушкарац јој каже да је познаје од њене седме године. Имала је лепе обле листове и дубок глас.

Дошао је у собу позади; он чини један пробни корак напред и он је већ на њој као пљусак на Вол Стриту, његово одело на гомили на поду, као пуна кофа, њена хаљина откопчана, једно по једно дугме, ниже, ниже, све док није потпуно гола и док зној опет не почне да јој цури с леђа. Онда се дотерује и закопчава. И овај мушкарац жели опет да је види, можда би хтео и да је ожени, размишља гласно, али она му се насмеши, не откривајући зубе, и каже, човече, ово се неће поновити. Хвала.

Да хоће, могла бо то да ради непрестано, могла би много да наплаћује и да постане богата. Она има то прелепо тело, са великим тешким грудима и предивном кривином, удубљењем у дну леђа, због чега се мушкарци играју с њом као с играчком. Она обавије своје ноге око мушкарца број три, уметничког типа с дугачком косом, и њена коса се растресе по леђима, он јој скине наочаре, и она га туца све док он не почне да се тресе, да дрхти и док не покуша да јечи, али она га ућуткује и говори без престанка пссссст, пссст, што га чини срећним, па она наставља с тим и пошто је он постао тих.

Јутро пролази уобичајено, сем што се туца са још три мушкарца, шаљући их повремено да провере њен радни сто, и пошто је све у тишини, док људи вуку ноге по дрвеном поду и размењују речи на папиру за друге речи на папиру.

После ручка, мишићави човек улази у библиотеку.

Он има таман тен и привлачан је, мишиће му се оцртавају кроз мајицу као балони. Ту је с путујућим циркусом где подиже сто на коме је столица, на којој је човек, у чијем крилу седи дете са псом који држи коску у зубима. Он све то подиже и никад не испушта и људи се тиме одушевљавају.

Уз то воли и да чита.

Ову библиотеку је изабрао јер је најближа великом циркуском шатору. Ово је била напорна недеља у циркусу јер се укротитељ лавова разбеснео и дао отказ, па лавови непрекидно ричу. Укротитељ им недостаје и нико други не може да се брине о њима и да их мази, јер су лавови. Кад мишићави човек уђе у библиотеку, он дубоко уздахне задовољан тишином. Он одмах запажа библиотекарку, начин на који она седи за својим столом и благу набреклост и кривину на њеним уснама, коју би само најпажљивији посматрач видео. Он јој прилази, а она га изненађено гледа. Библиотекарка претпоставља да већ сви у библиотеци знају шта она ради тог дана, али истина је да у ствари нико не зна шта се дешава. Људи у библиотеци само мисле да је загушљивије него обично и да из неког разлога имају проблема да се концентришу на своје књиге.

Библиотекарка гледа у мишићавог мушкарца и одмах га пожели.

Пет минута, она каже, и цима главом према соби позади.

Мишићави човек потврђује климањем главе, али не схвата о чему то она прича. Он гледа класике, али после пет минута, по позиву, одлази знатижељан.

Соба позади има кауч и беж зидове. Кад уђе у собу, готово га удари густ и јак мирис секса, толико је продоран тај мирис, да се он скоро онесвести. Библиотекарка седи на каучу у својој сивој хаљини која покрива цело њено тело. На средини хаљине налазе се перличасти дугмићи и једно од њих је случајно откопчано.

Ствар је у томе да мишићави мушкарац није баш сигуран да има еротске фантазије с библиотекарком. Али је сасвим сигуран да воли да подигне све што може. Он оде до ње на онај гегајући начин на који ходају мушкарци са огромним бутинама, и подигне је, са каучом заједно.

Хеј, каже она, спусти ме.

Мишићави човек воли тај осећај у раменима, тежину нечег важног, живот на својим леђима.

Хеј, каже она опет, ово је библиотека, спусти ме доле.

Он је нежно окрене према одсутној публици, а она погне главу да је не би ударила о осветљење на плафону.

Он отвори врата и изађе напоље с каучом. Довољно је смотрен, да спусти кауч кад се приближе раму од врата, да она не би треснула главом. Она би викала, али не може, јер су сада у библиотеци.

Двојица од мушкараца са којима се туцала су још увек ту, чекају надајући се да ће бити и друге туре. Они су зинули од запрепашћења и из неког разлога су јако љубоморни, док је гледају како јаше тај кауч, лебди на њему као на паради, између редова књига. Онај пословни човек у прслуку, који држи књигу у руци, после пар секунди је баца на њу.

Ниси ти Клеопатра! Каже, док она склупчана вришти, па сама себи запуши уста. Сахрана њеног оца је за један дан. Важно је да у библиотеци остане тишина. Књиге јој лете изнад главе и ударају једног од редовних посетилаца библиотеке, који чита часопис за столом.

Он их баца назад, сав побеснео, и књиге су свуда у ваздуху, лете разлистаних страница, шамарају је, прашњаве. Књиге шуште док лете и библиотекарка покрива своје лице, јер не може да поднесе да гледа на под, где књиге леже распрострте, раширене на повезима, као убијене.

Мишићави мушкарац изгледа да ништа око себе не примећује, иако га књиге погађају у ноге, у стомак.

Он њу подигне још више, издижући се на врхове прстију, све до плафона.

Устани, каже јој дубоким гласом, пригушеним јер је испод кауча, устани и ја ћу те још држати, балансираћу, могу то и ако стојиш.

Она не зна шта друго да уради, осећа како је он одоздо гура. Ослања се на своје ноге и устаје, и ставља прст на огромни мурал на плафону, мурал на коме виле играју у лето. У истом трену угледа и ону вилу без усана, и из своје пунђе извуче оловку, која јој тамо увек стоји. Коса јој се расплете. На врховима прстију она може да дохвати ону кривину на плафону, где би требало да буду вилина уста.

Сад ме држи мирно, шапне мишићавом човеку, који је не чује усхићен својом снагом.

Она ухвати оловку и једном руком се ослони на мурал, довољно да би нацртала усне испод вилиног носа.

Покушава да нацрта велики и широк осмех играчице, па оловком прелази неколико пута преко те линије, подебљава је и затамњује, како би се уста видела и одоздо. Одатле где она стоји, то изгледа лепо, она је само пар сантиметара испод виле, која је обасјана сунцем које управо у том тренутку улази у библиотеку.

Она не примећује до следећег дана, кад дође у библиотеку да покупи разбацане књиге, један сат пре него што ће њен отац бити положен у земљу, да су се виле у колу промениле. Да оне које се смеју вуку са собом ону вилу љубичастих очију, која очигледно игра против своје воље, која је силом утерана у круг, са широко отвореним устима која вриште.

БЕЗ КОЖЕ

Ренију су искључили телефон, кад су на страни његовог кревета пронашли изрезбарен кукасти крст. Он је боравио у *Кући океана* три дана. Радници су у посебној канцеларији, забрањеној за незапослене, са рукама загрејаним од белих стиропорских шоља кафе, расправљали сат времена пре него што су одлучили да га казне. Џил Коен, директорка разноврсних активности, отишла је у његову собу, док је Рени играо билијар са Дејмоном, који се убо у бутину, продужила је линије на кукастом крсту, претворила га је у четири квадрата, па је одозго нацртала кров и димњак. Хтела је и да дим излази из димњака, али јој виљушка није добро резбарила завијутке дима, па је оставила незапаљено огњиште.

Џил је возила четрдесет пет минута сваке друге вечери да би предводила вечерње активности групи одбеглих тинејџера, који су одсели у *Кући Океана*. Ово је био њен први посао после колеџа, и била је одушевљена што су је примили. "Деца би требало да су стварно проблематична, али су у ствари сјајна.", рекла је својој цимерки с колеца, која је излазила кроз врата са кутијом од банана напуњеном књигама. "Срећно", рекле су једна другој, и колец се завршио. Џил је имала новог дечка који се звао Метју и који је волео да једе тако љуту храну, да је од ње кашљао. Његово тело било је прекривено светлом сјајном длаком, и у кревету, са упаљеном лампом, изгледао је скоро као да сија. Кад ју је држао док су водили љубав, некад би замишљала да му гребе кожу, да је скида непрестано ноктима, све док површински слојеви не отпадну, и она не открије да је испод слоја меса, он направљен од чистих бисера.

Како? Замуцкивала би, а он би се смејао и љубио је у уста.

Често се сећала дана кад су јој порасле груди, како је њена маслинаста кожа била прекривена црвеним укрштеним жилицама, линијама, као новооткривена тајна мапа која је водила к благу њеног тела.

Рени је побегао од куће зато што је његов старији брат Џордан дошао у посету. Враћајући се једног поподнева од пријатеља, Рени је видео Џорданов зелени камионет укосо паркиран, једном половином на путу. Рени је наставио да хода као да није препознао своју кућу. Док је ходао скупљао је пљувачку у устима, за случај да сретне неког ко је таман. Ишао је право, без стајања, више од сат времена, до криве зидане ограде *Куће океана*, јер тамо си могао да останеш пар недеља, храна је наводно била пристојна, и ако си имао среће, чуо је да можеш да сретнеш некога из *Отпора*.

Цил је управо завршила разговор с мајком, и помно је гледала Метјуа. Он је седео на каучу, држао је даљински управљач на колену, покушавао да одржава равнотежу. "Знаш", рекла је, " ако би имали децу, они би били прави Јевреји. Ти то знаш, зар не?"

Климнуо је главом. Гледао је телевизију.

"Мислим да би то било у реду што се мене тиче, сем ако ти не мислиш да је ужасно важно да их учиш све о Христу. Ти не верујеш у Христа, је л' да?"

"Не баш, али Цил, ми се нећемо венчати".

"Знам", рекла је, док је вукла ушну ресицу, " али узмимо то као пример?"

"Цил", рекао је, "нећемо се венчати".

Међутим, она није могла да избаци венчање из главе. Били би ту и рабин и свештеник, и свештеник не би имао длаке на рукама, изгледао би као дечак. Одшетала се до Метјуа са спуштеним обрвама. "Ако си тако сигуран", рекла је, "зашто смо онда заједно?"

Метју ју је натерао да му седне у крило. "Колико имаш времена до одласка на посао?"

"Пола сата", рекла је одсутно трљајући његов ручни зглоб. "Али за сваки случај", рекла је, "то је ствар лепог васпитања, културе".

"Пола сата је пуно времена", рекао је и завукао јој руку под кошуљу. "Псссст, Цил, псссст."

Ренијев тата је умро, али његов брат био је осам година старији, био је у војсци и био је згодан. Писао је кући једном месечно по једну страницу, из неке земље са необичним поштанским маркицама. Џордана су обожавале жене, и он је имао већ троје ванбрачне деце расуте по целој земљи. Он ту децу није звао, није срео, није додирнуо.

Кад је имао тринаест, Рени је отео брату мали црни телефонски именик, да би пронашао неке информације о мајкама његове деце. Пажљиво је преписао њихова имена и бројеве телефона на унутрашњим вратима ормана.

"Ти мало говно", рекао је Џордан Ренију, кад га је затекао укоченог од страха како седи у орману, са телефонским имеником у крилу, "шта радиш с мојим имеником?"

Рени је пажљиво наслонио леђа на врата, скривајући имена која је написао. "Само гледам колико људи познајеш", рекао је, савлађујући узбуђење у гласу.

"Импресиониран?" питао је Џордан, гледајући у њега и смешећи се.

"О, да", рекао је Рени, "много девојака".

Џордан је подигао свог брата и ставио своју огромну руку на његов врат. "Немој да се зајебаваш с мојим стварима, мали, у реду? Прво ме питај". Стегнуо га је за врат, па га пустио. "Досадно њушкало".

Рени се срушио. Џордан је отишао у двориште да попуши цигарету. Рени је чекао док није чуо како су се спољна баштенска врата залупила, па се окренуо и погледао оне бројеве. Били су мало забрљани, али и даље читки. Налегао је челом на дрво орманског крила и удахнуо мирис лака.

Цилина мајка је била у трећој фази своје каријере, била је власник Јеврејске агенције за склапање брака. Покушавала је да доведе бар три Јеврејина дневно и убеђивала их је да је код ње кључ за њихов срећан брак. То је често и био случај. Њена агенција је била отприлике 75 посто успешна у склапању бракова, јер су запослени у агенцији пристајали да приме само муштерије које су обећале да ће сарађивати и које су се обавезале да су напустиле маштарије о савршеном принцу или фантазије о девици-курви. Цил је преко лета тамо радила, па је упознала сваког доступног Јеврејина-нежењу у Лос Анђелесу. Са некима је излазила, неки су јој се свиђали, али агенција ју је обавезивала да напише извештај после сваког сусрета. Мајка је волела да допуњује упитник своје ћерке, руком додајући нова питања као што су : Какав пољубац ти се највише свиђа, Цил? У почетку она је отворено одговарала на ова питања, верујући да је то део оног синдрома између мајке и ћерке "ми смо најбоље пријатељице". Онда, изненада, на њеним љубавним састанцима почели су да јој се догађају они савршени пољупци, и кад је мушкарац, пре него што ће положити своје усне на њене, нежно прстом додирнуо њену браду, Цил је почела да трчи, извикала се на мајку и дала отказ. Њена мајка није могла да разуме зашто. Али Цил се онда сетила да та жена није њена најбоља пријатељица, већ њена мајка, па је наставила да о пољупцима причао само с пријатељима, а мајци је препричавала заплете из најновијих филмова.

Суботом, кад је телефон јефтинији, Рени је звао Бостон, Атланту, Хагерстаун, Мериленд. Обично су мајке биле код куће са својим бебама, које су најчешће плакале у позадини.

"Добар дан госпођо Стивенс", рекао је што је могуће мужевнијим и дубљим гласом, "Зовем у име часописа *Родитељи*, да ли имате минут времена?" Ако би рекле не, он би ипак навалио. "Да ли је ваша беба срећна? Колико је стара ваша беба? Да ли бисте је описали као веселу или озбиљну? На кога више личи- на вас или на свог оца?" Понекад би претерао и постављао сувише лична питања, па ако би то женама било сумњиво прекидале би везу. Звао их је у просеку, свака два месеца. Некад их је позивао да учествују у такмичењу *Моја беба је најслађа*, и да пошаљу фотографију, на поштански фах. Можда ће освојити сто хиљада америчких долара! Некад се само претварао да је погрешио број. Било му је драго да им чује гласове. Жене су звучале уморно, али мило и љубазно.

"Вечерас ћемо да цртамо оно што сањамо", најавила је Цил групи од седам тинејџера који су седели преко пута ње.

"Ти мора да си била давеж у средњој школи", рекла је Трина.

"Без непријатељских коментара", одвратила је Цил, гладећи своју мајицу марке *Геп*. "Ако си због нечега љута, било би добро да то поделиш са целом групом."

"Мислим да нико од нас неће да остане овде тако дуго", рекла је Трина. Насмејала се Дејмону. "Али то никако не би променило чињеницу да си била давеж у школи".

Цил им је додала оловке и папире. "Нисам била давеж", рекла је. "Да ли хоћеш ово да урадиш или не?"

"Само напред, Цил", рекао је Дејмон смејући се. "Снови. Страва. И Трина је давеж, само неће да ти то знаш".

"Умукни Дејмоне". Трина је подигла ногу у његово крило. Секс није био дозвољен у *Кући океана*, гости би били избачени. Дејмон је зграбио њен чланак на нози и јако га стиснуо. Трина је спустила ногу и опустила се.

"Да ли неко има бојице?" питао је Џорџ. Њега нико није волео. Превише се смејао и причао вицеве о виртуелном простору који су или били глупи или неразумљиви. Цил је извукла кутију са 64 бојице из своје велике, платнене торбе.

Рени је пажљиво посматрао како затвара рајсфершлус на својој торби. Онда се наслонио на столицу и нацртао кругове на свом папиру. Оловку је гумицом окренуо према стомаку и гурнуо је док га није заболело. Замислио је Цил, жгољаву и голу, са наказно одсеченом косом која штрчи у бичевима, како покушава да говори с њим на немачком преклињући га за милост.

"Завршио сам свој цртеж, Цили", рекао је.
Погледала је цртеж. "Сањаш кругове?"

"Ха, ха". Погледао је на остале који су нешто жврљали. Дејмон је цртао велико око.

Рени се наслонио. "Очи боје неба...?", питао је. Није притискао Дејмона око *Отпора*, јер је о томе већ причао с Трином, црнкињом, и превише, али никад се не зна.

"Ти песник?" рекао је Дејмон, окрећући лице према Ренију. "Нисам до сад знао да је такав диван песник међу нама". Рени се наслонио. Нико сем њега. Обојио је кругове у црно.

"Сањам о унутрашњости маслина", рекао је Џил. "Сањам о великим црним рупама".

Једна од оних мајки послала је фотографију Ренију на поштански фах. Била је то беба девојчица, мелескиња с тамним, тамним очима и озбиљним лицем. Испружила је ручице према фото апарату, у жељи да се игра с објективом. "Никол Шо", прочитао је на полеђини, "стара десет месеци". Рени је понео слику своје братанице у парк и гледао је у њу сат времена. Могао је да осети колико би била тешка у његовим рукама, могао је да замисли како би му заспала у наручју, како би му главицу с коврџавом косом наслонила на груди, заљубљена у његове непознате дечачке руке. Ти си мој тата?, питала би. Погледао је у њене очи, и већ, већ је могао да види у њима, и смрт и усамљеност, како их покривају као неотклоњив танак зар. Узео је гранчицу и изгребао њено лице на слици. Боје су нестајале под белим огреботинама на њеном малом телу. Гребао је

Никол и њене ручице и очи све док она сама није постала огреботина на филму.

. . .

Метју је раскинуо с Џил, зато што није хтела да користи анти- беби пилуле. Рекла је да ће да их користи само ако се он досели код ње, и он ју је погледао као да је луда и рекао да мрзи кондоме, да им обома треба промена у сексу. Имам проблеме с бешиком, добијам упале, рекла му је, не могу да користим дијафрагму. Хајде мало да сачекамо, можда ћу и узети пилуле ако наша веза постане озбиљнија. Нећу да се везујем, рекао јој је, не треба ми сада права веза. Можда ти и треба, али си се уплашио, одговорила му је. Можда и нисам, одвратио је. Мислим да желимо различите ствари. Морам да идем на посао, рекла је. За пола сата. Крени раније, рекао је, можда има гужве у саобраћају.

"Данас ћемо да радимо вежбе поверења", почела је Џил.
"Дивно", рекла је Трина, гледајући у Дејмона.
Џил је прочистила грло и наставила. "Један од вас ће увезати очи, биће као слеп, а други ће га водити око куће и дворишта, и притом ће бити пажљив и уливати поверење овом другом, а онда ћете се заменити. То је страшно зато што сте навикли непрестано да користите

очи, али то је и леп начин да научите да верујете једни другима. У реду, сад изаберите партнере."

Трина и Дејмон су очигледно били пар. Два зависника од кокаина, који су се много кикотали, и који су били љубазни према Ренију, зграбили су се за руке. Одбачени Џорџ, погледао је према Ренију, који је погледао у страну схвативши да нема за сваког пара. Џорџ је за пар узео Лану, веома тиху лепотицу, која се кретала изузетно споро, као под водом, и која никоме није рекла зашто је ту.

"Ниси добро израчунала, Џили?", рекао је Рени, шутирањем скидајући чизме, и дланом гладећи тек израсле длачице, које су провиривале с његове лобање.

"Не, ти ћеш ми бити партнер, Рени", рекла је Џил. Он је пребледео.

"Ја то нећу", рекао је.

"То је наша вечерашња вежба", рекла је Џил. Њене очи изгледале су уморно и натечено од плакања због Метјуа. "Хоћеш прво ти, или ћу ја?"

"Прво ти. Стави повез", казао је Рени. Она је изабрала плаву мараму са металним троугличима. "Да ли ми верујеш Џили?", питао је.

"Да", одговорила је, везујући мараму и пуштајући да јој троуглићи висе по лицу. Стајала је у средини просторије, са рукама спуштеним уз тело. "Рени, молим те немој да ме зовеш Џили. Води ме около. Верујем ти".

Тог дана, мајка ју је одвела на ручак. Џил није хтела да исприча мајци да је раскинула с Метјуом.

"Заборавила сам срце, да ли је сладак?", питала је њена мајка, досадно пиљећи својим светлим очима у ћерку. Цил никада није довела Метјуа кући на помно проучавање.

"Није плав", рекла је Цил, "ако је то оно на шта мислиш".

"Не разумем шта хоћеш да кажеш", рекла је мајка, "сигурна сам да је он фини младић. Извини, заборавила сам, одакле су његови родитељи?"

"Не знам". Цил је пожелела да положи свој образ на тањир и тако се одмара на хладном порцулану.

"Како год. Није ништа озбиљно". Глас јој је издавао.

"Али ти би волела да буде?" питала је госпођа Коен, с парчетом багета у руци.

"Нема везе, зар не, да ли ја хоћу да буде озбиљно или не. Једноставно није."

"Па, увек може да постане, је ли?" Заграбила је ножем путер и размазала га по хлебу. "Да ли он говори о везивању?"

"Јуче смо раскинули, мајко", напокон је рекла Цил. "Није битно. Нисмо више заједно. Престани да ме испитујеш".

Цилина мајка је загризла хлеб и на тренутак га жвакала. "Па, жао ми је што то чујем", рекла је и насмешила се.

Након што је слика стигла у његов поштански фах, Рени је префарбао унутрашња врата ормана белом бојом. Фарбао је полако, нагоре, онда надоле, све док бројеви нису нестали, да се фарба не би ољуштила. Отишао је у купатило и покушао да се исповрaћа, али није могао. Узео је остатак боје и отишао до железничке станице. Тамо је била једна пећина, где је његов брат обично туцао девојке, или је дувао траву, или је радио оно што је радио пре него што је отишао у војску. Рени је насликао седамнаест кукастих крстова, један крст за сваку годину његовог живота, по зидовима целе пећине, па се склупчао испод њих и заспао. Кукасти крстови личили су на паукове бумеранге, које је могао да зафрљачи напоље у свет. Они би му прочистили пут, и вратили би му се, водећи га ка уточишту.

. . .

Рени је водио Џил кроз кухињу.

"Радна плоча ти је с леве, фрижидер с десне стране", рекао је.

"Хвала". Прво је ишла уз степенице, па је силазила док није стигла у двориште.

"Па како ти се свиђа овде, Рени?" питала је.

"Није лоше", рекао је. "Дигни ногу. Ходај само право". Стигли су до литице изнад плаже, преко пута улице где се налазила *Кућа океана*. Могао је да види у даљини, фигуре осталих из групе, њихове несигурне руке. чуо је како се Трина смеје.

"Да ли смо отишли предалеко?" питала је Џил.

"Ускоро ћемо да се заменимо".

Зауставио ју је на самом рубу литице. Земља испод сурвавала се и крунила се у око десет метара дубок понор, а на дну су били песак и море.

"Ми смо на самој ивици провалије, Цил", рекао је Рени, који је стајао иза ње, обухватајући јој рамена.

"Покушавам да ти верујем Рени", рекла је. Ветар је дувао у њу, приљубивши јој мајицу уз кожу. Гледала је у чудне боје испод повеза на њеним очима, и замислила Метјуова леђа како постају све мања и мања, и како се свет пред њом затвара.

"Мрзим што си оно урадила с мојим кукастим крстом", рекао је Рени.

"Па, нисам могла да га оставим тамо", одвратила му је. Његови топли длланови лежали су и даље на њеним раменима. "Мрзим кукасте крстове".

"Видиш Цил", рекао је Рени, "очи боје неба, не земље, о томе се ради, то ми кажемо. Очи треба да буду боје неба, а не земље." Гледао је у њену косу, била је дуга и тамна, и мека, тамо где му је додиривала руке.

"Али Рени", рекла му је, "твоје очи су кестењасте".

Зграбио јој је рамена. Питао се да ли ће кад прођу две недеље, и кад се он врати кући, његов брат, Џордан, отићи.

Цил је поново замислила венчање. Само што нигде није било ни свештеника, ни младожење, само она и рабин. Његова рука је била тамна и прекривена црним длакама. Погледај нашу кожу, говорио јој је рабин, ова кожа је створена за пустињу.

"Баш је дубоко", рекао је Рени.

Замишљала је како гребе рабинову кожу, како гребе своју кожу, дубоко, све до доњих слојева где је месо, све док не сазна од чега су тачно направљени.

"Да ли се плашиш?" Рени је чврсто држао за рамена.

"Да ли би требало?"

Рени није одговорио. Цил је дрхтала.

"Да ли ти је хладно?" питао је.

"Да", рекла је "мало".

Рукама јој је обухватио груди, и прибио се уз њу. Својим палцем је веома нежно окрзнуо њену брадавицу, која се стврднула од хладноће. Ништа није рекла.

"Може?" питао је.

"Да", рекла је. Испустила је ваздух и затворила очи испод повеза. Кожа јој се јежила од узбуђења и хладноће. Направљена сам од прљавштине, мислила је.

"Хоћеш да се заменимо?" тихо је питао Рени. Његова рука је нежно обухватила њену дојку.

Ја сам направљена од злата.

"Не", рекла је, "а ти?"

"Не". Чврсто је обгрлио и слушао шум таласа како из даљине хрли према њима.

ФУГА

1. *За вечером*

Седим за столом преко пута мужа. Вечерамо. Спремила сам бифтек и боранију и пекарски кромпир, чак сам и убрала две црвене руже из наше баште, оне су у вази између нас, у вази која је провидна, тако да видим како им се стабљике помичу док он говори.

Он спушта лактове на сто. Отвара уста док жваће, мљацка. Млатара виљушком.

А ја, ја климам и климам главом. Прича ми о свом послу. Документи су им пуни словних грешака, каже ми. Овај нови секретар једва уме да говори. Слушам и жваћем затворених уста. Кромпир се, који више није врућ, дроби под мојим зубима, топи дуж мог језика, моја горња усна је залепљена за доњу, и све што се дешава у мојим устима моја је лична ствар, гласно је и моћно је, али је само моје. Цео бучни свет се одвија унутра, који он не може да чује. Он се нагиње напред, набада велики комад кромпира на виљушку. Подиже кромпир, ставља у уста, гризе. Посматрам како храна нестаје у његовим устима, а то је моја храна, ја сам је купила и спремила, и морам да контролишем своје руке, да остану мирне, зато што мислим да хоћу да спасем ту храну. Хоћу да сачувам моју храну, хоћу да пружим руку преко стољњака, да проспем руже које подрхтавају, хоћу да храна умакне његовим кутњацима и језику, хоћу да је ухватим, извадим напоље, извучем назад на тањир, све док се између нас не створи каша од живог кромпира, све док његов стомак не буде потпуно празан, а моја уста и даље затворена.

2.

У фабрици лекова, неки радник је мумлао и распоређивао лекове.

"Овде ћу да ставим жуте пилуле", рекао је себи мрмљајући и гунђајући, "а беле овде". Однео је бочице до машине за стављање сигурносних поклопаца за децу и отишао кући.

Две недеље касније, тамо напољу, у свету, људи који су добили рецепте за те лекове, умрли су. Онај радник мумлавац прочитао је о томе у новинама, осетио се важним да крене даље. Позвао је управу фабрике лекова и дао је отказ. Питали су зашто. Он је рекао због алергија. Они су питали: алергија, на шта? А он је одговорио: алергија на телефон, и спустио је слушалицу.

То је за њега био већ четврти посао који му се смучио за месец дана. Две недеље пре тога имао је тезгу да емигрантима предаје енглески. Учио их је погрешне ствари. Рекао је: пичка значи жена а чмар значи пријатељ. Током те недеље једну студенткињу је неко питао да ли би хтела секс. Два студента су била претучена. Банули су у учионицу, изубијани и збуњени, али њихов мумлави учитељ, који им је погрешно предавао, већ је био далеко, руковао се с директором фабрике лекова, боље речено, гутао је очима корита препуна разнобојних округлих таблета, и снагу скривену испод њихових љуски.

Али сад је опет било време за промене. Мумлавац је ставио кравату и погледао се у огледало. Кад би се погледао увек би пљунуо. Пљувачка је цурила низ огледало, квасећи његов одраз. Мумлавац је био ружан као дете. Био је ружан пубертетлија. Сад је био ружан одрастао човек. Он је мислио да је узнемиравајуће што се ова слика понавља.

Овај пут се пријавио за место секретара. Одлучио је да неко време ради нешто мирније, као што су списи. Овде је наишао на једног себи равног: гласног човека.

Галамџија је носио ланац око врата, говорио је необично гласно, и био је веома искрен. Свакога би погледао право у очи, и свакоме би рекао, Хоћеш да ти кажем шта искрено мислим, и онда би то и рекао.

Мумлавац га је мрзео из неколико разлога, као прво, што му је галамџија био шеф, као друго, што је био тако гласан, а као треће, последње и најодвратније, што је тај гласни човек био веома леп. *Стварно* леп.

Мумлавац је с пиштољем отишао до галамџијине куће.

"Здраво", промрмљао је, "овде сам да те покрадем".

Гласни човек га није баш најбоље разумео. "Овде си због чега? Говори гласније!"

"Да те покрадем", промрмљао је мумлавац најјасније и најгласније што је могао, што и није било баш гласно, "Хоћу да ти украдем неке ставри. Као накит. Или твоје огледало. Или твоју жену."

Галамџија је био бесан, крв му је наврла у лице, и рекао је много ствари, укључујући и оно: хоћеш да ти кажем шта искрено мислим.

"Молим те", промумлао је мумлавац, "само кажи".

"Мислим да радиш за мене!", заурлао је галамџија. "И мислим да си отпуштен!"

Мумлавац је пуцао из пиштоља, и погодио га у колено. Галамџија је викнуо и сео на под. Мумлавац је подигао рамена и узео све оно што је рекао да ће узети.

Прво је рекао жени, која се тресла, да га чека на вратима. Покушао је да баци летимичан поглед на њено лице, да види какву жену је мазнуо тај лепотан, али није могао много да види, јер јој је коса висила по целом лицу.

После тога, рекао је галамџији да му да свој златни ланац, који је одмах пребацио преко своје ружне главе.

"Никад нисам имао ланац", промумлао је, задовољан.

На крају, прошетао се по целој кући како би здипио савршено огледало. Прошао је поред неколико досадних овалних огледала, а кад је скренуо у њихову спаваћу собу, угледао је оно што је тражио. На зиду, баш преко пута великог кревета, висило је огоромно правоугаоно огледало у раскошном сребрном раму. Мумлавац га је нежно скинуо са куке на зиду, мумлајући и уздишући од задовољства. У овом огледалу се годинама огледао онај галамција лепотан, тако да је огледало постало нежно и добродушно, па је такво могло да буде чак и према његовим грубим цртама лица. На брзину је погледао у свој лик са ланцем, и стишавао налет наде.

Са тешкоћом, однео је огромно огледало испод руке и угурао жену на сувозачко седиште аутомобила, остављајући галамџију да завија од болова у кући. Мумлавац је упалио мотор и кренуо низ улицу. С времена на време гледао је у жену, испитујући какав јој је профил, тражећи на њеном лицу лепоту. Изгледала је довољно добро. Није била лепа као филмска звезда, нити је била нека лепотица. Изгледала је као комбинација четворо људи које је раније срео. Пиљила је право напред. После петнаест минута избацио ју је напоље, јер није ништа причала, а мумлавац није могао да издржи да буде у друштву тихих људи. А поврх тога, хтео је да остане сам са огледалом.

"Збогом", рекао јој је, "жао ми је".

Гледала га је кроз прозор аутомобила крупним очима. "Добио си осип од тог ланца", рекла је, "направљен је од никла."

Почео је да се чеше по врату. Пре него што је пошао, бацио јој је неколико цигарета и кутију шибица из малог прегратка. Она му је овлаш махнула. Мумлавац није обратио ни мало пажње на њу, само је дао гас. Ни целих десет миља касније, успорио је и стао. Подигао је огледало и ставио га себи у крило. Пролазио је прстима преко украса на сребрном раму, проучавао је сваки детаљ огледала пре него што ће се погледати. Осетио је грудву свог лица, која га чека с оне стране рама, одсутна и стрпљива, чека да је погледа.

3. *Хеги и Мона имају посетиоца*

"Мона", рекао је Хеги, "уморан сам".
Мона је истезала ногу, подижући је до ивице кауча у дневној соби. "Ти си увек уморан", рекла је.
Спустила је браду на колено.
Хеги се ушушкао у мекану зелену фотељу, најмекшу на свету. "Додај ми тај јастук, хоћеш?"
"Нећу". Сагнула се и ухватила за стопало.
Хеги је уздахнуо. Осетио је да почиње онај осећај топлине у његовим устима, осећај као да за тренутак може да заспи само ако буде тих. Био је и превише свестан свог језика, и да му језик тако незгодно лежи у устима.
С погнутим горњим делом тела, Мона је говорила свом колену. "Опет дремаш, а стално спаваш", рекла је. "У ствари, тек што си устао".
"Знам", рекао је, повлачећи руком преко лица, "потпуно си у праву. А сад ми додај тај јастук, да размислим о томе док будем спавао."
"Хеги", рекла је Мона, која је сад истезала другу ногу, "побогу".

Мона је била једини преостали Хегијев пријатељ. Остали су се преселили у друге градове и изгубили су његов телефонски број. Хеги је седео по цео дан у кући, живео је од новца који је држао у банци, а новац је добио као судску одштету за саобраћајни удес, док је Мона свако јутро јурила на свој хонорарни посао у компанију. Она је могла да откуца милион речи у минути. Сви су јој увек нудили стални посао, где год је радила, али она је увек то одбијала. Много је више уживала у томе да нешто жели, него да добија, а, наравно, то је био случај и са мушкарцима. Имала је у својој соби малу кутију, у којој су већ била два вереничка прстена са раскинутих веридби. Оба пута рекла је мушкарима: Извини, али ја не могу ово да задржим, али за право чудо, обојица су желела да прстен остане код ње. Изгледа да је привлачила дарежљиве мушкарце. Да ме се сећаш, тако су сви говорили, али нису знали да је она већ имала сличну успомену, у кутији на тоалетном сточићу.

Хеги се ухватио за језик. Под прстима је деловао кашасто и зрнасто, и кад се уштинуо снажно, ништа није осетио.

"Да ли ишта радиш вечерас?" питала је, с брадом на другом колену.

"Ја?" немушто се питао још увек се држећи за језик, "вечерас?" Мона је спустила ногу, ухватила се за страну кауча као за шипку, почела неколико плијеа.

Извадио је прсте из уста и тешко прогурао пљувачку. "Вечерас?" поновио је овог пута, разговетно, "ништа. Они твоји пријатељи с куглања су ме позвали на журку, али сам их одбио. Питали су да ли ти хоћеш да дођеш а ја сам рекао да нећеш. Хоћеш ли?" Заћутао је. Мона није одговорила. "Сви они хоће тебе, сигурно знаш."

"Стварно?" Мона је поскочила изводећи средњи плије, задовољна. "Који од њих? Сви? Стварно? Шта су тачно рекли?"

Хеги се почешао по глави. Није тачно знао да ли је истина то што је рекао, само је волео да види Мону како узбуђено скаче.

Мона се сагнула и додирнула главом колена. "Ионако излазим вечерас", рекла је тишим гласом.

Хеги се скљокао низ фотељу. Мрзео је кад је Мона излазила – кућа је постајала мртва без ње. "Хеј", рекао је, "молим те. Јастук?" Показао је опет на кауч, свега два или три метра од њега. Осећао је како му је крв тешка, и у њој сваку најмању честицу како гура колица пуна стења.

"Хеги". Мона је протресла ноге и погледала га. "Изађи напоље".

"Бљак", рекао је плафону, "мрзим све напољу".

Одшетала је до њега и помиловала га по коси. "Уради нешто добро", рекла је, "Хеги. Уради нешто".

Наслонио се за тренутак, на њену руку. Мирисала је на ванилу и прашак за веш. "Стварно бих волео", рекао је Хеги, "знаш, стварно. Само кад бих могао да изађем из ове проклете фотеље."

Мона му је додирнула образ. Стала је поред њега, онда је уздахнула и нестала у својој соби. Хеги је окренуо главу и гледао у њена врата, и на крају затворио очи.

После четрдесет пет минута, појавила се Мона, блистава, у браон хаљини. Хеги је задремао.

"Хег", рекла је. "чекај, пробуди се, морам нешто да те питам". Окренула се у круг. "Високе штикле или равне ципеле?" Хеги је протресао главу, како би се пробудио, погледао је и покушао да се усредсреди.

"Не", рекао је после минуте, озбиљним гласом трљајући око, "већ си превише упадљива. Обуј чизме", рекао је. "Буди мало природнија."

Исплазила му се али је убрзо опет отишла у своју собу, и изашла после две минуте са обувеним браон чизмама на шнир.

"Љупко", рекао је Хеги.

Неко је покуцао на врата.

"То је он", рекао је Хеги, "Месје Пронто".

Мона је погледала на свој сат. "Не", рекла је, "ја идем по њега. Да ли ти неког очекујеш?"

Он је почео да се смеје. "Моја тајна љубавница", рекао је. Потонуо је још дубље у фотељу. "Можда нас неко пљачка. Зар ти нисам рекао? Треба да ставимо решетке на прозоре."

Куцање их је опет прекинуло: куц, куц, куц.

Мона је отишла до врата. Провирила је кроз шпијунку. "Нека жена. Ко је то?" викнула је.

До њих је допирао пригушени глас.

Мона је погледала Хегија. "Да је пустим унутра?"

"Да ли је слатка?" питао је.

Мона је превнула очима. "Не знам", рекла је, "има косу преко целог лица". Онда је отворила врата.

"Здраво", рекла је Мона, "како могу да ти помогнем?"

Жена је скинула бурму с руке. "Молим те", рекла је пружајући прстен, "молим те, да ли могу да останем овде у замену за прстен?"

Хеги је прснуо у смех.

Мона је протресла главом. "О, не", рекла је, "то не могу да прихватим". Испружена рука ове жене се тресла док је држала прстен, а њена хаљина је на крајевима била угљенисана и нагорела.

"Хеги", рекла је Мона, "умукни. Престани да се смејеш. Она хоће да остане овде".

"У реду", викнуо је затварајући очи, из фотеље. "Али њој реци да задржи прстен".

Мона је широм отворила врата. "Молим те", рекла је, "уђи, изгледаш тако уморно". Ухватила је жену за лакат и увела је у дневну собу. "Хеги", рекла је, "устани из фотеље, Хег, зар не видиш да је ова жена нешто страшно преживела и да ће се срушити?"

Хеги је седео за тренутак. "Али имамо и кауч", рекао је и лењо уперио прстом према каучу.

Мона га је стрељала очима. "Хеги". Жени су ноге почеле да посрћу. Хеги је ставио руке на наслоне од фотеље и подигао се на ноге, ходајући несигурно.

"Одакле си?", питала је Мона, сагињући се како би поново уширала десну чизму.

Жена је затворила очи. "Из Синаја", рекла је. Хеги је сео на под.

"Шта је рекла?", прошапутала је Мона, поново шнирајући и леву чизму, без икаквог разлога. "Да ли је рекла *цијанид?*"

Он је погледао и приметио да жена већ спава.

"Још је бржа од мене", рекао је пун поштовања.

"Да ли мислиш да она трује људе?" зашиштала је Мона.

Хеги се насмејао.

"Пссст", рекла је Мона, "она спава".

"Њена хаљина је изгорела", рекао је.

"Знам", рекла је Мона, "и мирише на дим. Дим од логорске ватре или нешто слично". Устала је. "Слушај Хег, морам да идем. Да ли ћеш бити у реду? Можда ипак да останем? Шта ако те отрује?"

Хеги је покушао да направи гримасу уплашеног човека, али није могао то да изведе. Био је сувише уморан. "Иди Мона", рекао је. Наслонио је главу на кауч.

Мона је застала. "Да ли мислиш да је болесна?"

"Само је уморна". Његов глас постајао је све слабији. "Само јој је потребан сан". Наместио је врат на наслон кауча. "Не могу да верујем да је хтела да ти да свој прстен".

Мона се насмешила и погледала последњи пут у огледало. Чим је затворила за собом врата и чим је чуо како звук њених корака у чврсто запертланим чизмама нестаје, Хеги је покушао да одрема, али је под био превише тврд, а ваздух као да се згуснуо и постао тежак, јер Мона није била ту да га растера и разреди. Он није могао да се опусти у тој тежини која се спуштала одасвуд.

Подигао се и сео на кауч. Скоро да се нервозно грчио док је жудео за удобношћу своје фотеље. Она жена је сад тихо хркала. Сва се била зајапурила у лицу, а трепавице су јој се оцртавале на образима у облику једноставних црних лукова.

"Здраво госпођо", рекао је Хеги, "пробуди се и причај са мном". Она је наставила да спава, испуштајући свој дах у ваздух и увлачећи га назад. Интимно.

Било му је још горе што је будан сад кад неко други спава. Кућа је деловала дупло већа и дупло празнија. Хеги је једва устао, и отетурао се до купатила. Питао се: да ли је могуће умрети само од непостојања ритма? Наравно, Мона је живела у ритму лудачког марша, али није било сумње да ју је нешто изнутра покретало, а Хегијев унутрашњи ритам био је тако спор, да се он често питао да ли се то уопште може назвати ритмом.

Отворио је ормарић с лековима у купатилу, изнад лавабоа, где је Мона држала пилуле за спавање, које је користила кад је била нервозна или уплашена. А то је било често. Држећи за вратанца, која су била са спољне стране прекривена огледалом, Хеги је с дна узео црвено-браон бочицу. Прочитао је упутство. *Не више од две на шест сати.* Хеги их је просуо себи у руку, пилуле су се сијале као минијатурни месеци. Ипак сам крупнији од ње, мислио је. Узео је девет, његов срећни број, и прогутао их је са шаком пуном воде из чесме. Требало би да ми помогну, мислио је. Све је то зато што нисам у својој фотељи. А тако сам уморан и хоћу да спавам. Сео је на под у купатилу, и чекао да га обузме необичан осећај. Жена у његовој фотељи престала је да хрче и кућу су преплавили тама и тишина.

4.

Кад је престао да проучава сваки украс и испупчење на раму, удахнуо је дубоко и спремио се да се погледа у огледало. Играо се ланцем од кога га је сврбео цео врат. Овај пут биће другачије, у овом отменом огледалу, огледалу оног лепотана. Уплео је прсте у ланац и уперио поглед право, и концентрисао се.

5. *Поред пута*

Те ноћи, спавам у жбуњу. Не успевам баш добро да спавам, али, ионако никад не спавам добро, а никада и нисам била неки спавач. Нисам могла да се наместим да ми буде удобно. Тако да нема везе, не смета ми прљавштина на мом образу, сасвим ми је свеједно. Јастук није ништа бољи.

Сањам свог мужа. Сањам како иде до фрижидера да направи себи сендвич, од моје хране, мог хлеба-мене--све је сварено и нестало — а тада се чује пуцањ, и ја више нисам ту, у трци, више нисам ту. Он се хвата за колено, а ја сам на вратима, излазим. Ја сам тркач, брза сам. У сну, трчим круг око целог света, и неки људи, у другој земљи, подижу споменик око мог отиска стопала.

Кад се пробудим, желим да идем у велику шетњу, мислим да бих могла заувек да ходам и да се никада не уморим. Узмем једну од цигарета које ми је онај мушкарац оставио и пушим, прошло је много времена од последњег пута кад сам запалила, и кад пикавац бацим у жбун, ватра га захвата и он почиње да гори. Сасвим при земљи, али ипак гори, жбун је запаљен. Ваздух је сув, али је ипак у питању само мали пикавац, па сам шокирана и гледам како грм гори и помислим: можда је нешто духовно у питању. Овде, поред пута, стојим само ја, без икаквог новца, само ја, која желим да одем на неко ново место, сад је време да се нешто натприродно догоди, ово је мој тренутак. Чекам да ми се Бог обрати.

Пламен пуцкета и сикће.

Двојица мушкараца у колима пролазе поред мене полако, успоравају: Да ли хоћеш да те одбацимо негде? Али ја одмахујем главом, не, а то није зато што се плашим да ме неко не силује, сигурно то не. Осећам да ће се овде нешто десити – нешто важно. Хоћу да чујем шта овај жбун има да ми каже, а онда ћу заувек да ходам сама, јер никад нисам, и свиђа ми се што је тишина напољу, у колима није, и само сам узела један дим и направила ватру. Ја. Жбун наставља да пуцкета. Питам се, шта ће ми то рећи? Шта је то што ми је потребно да чујем? Наслањам се ближе и слушам целим својим бићем. Не могу да кажем шта говори. Не налазим никакве речи, само звук ватре, звук пуцкетања и распрскавања. Почињем да осећам благу панику – шта ако говори другим језиком? Шта бих онда урадила? Топлота пламенова ми прљи и греје лице.

Говорим енглески, шапућем жбуну да га подсетим. Причај са мном. Слушам те.

6.

Исти ружни човек.

7. *Назад код Хегија и Моне*

У један после поноћи, кључ се окренуо у брави и Мона је на врховима прстију ушла у дневну собу. Могла је да види обрисе жене која је још увек била ту, с плућима која су се дизала и спуштала. Осетила је силан талас поноса што је одбегла жена била жива и што је остала с њима, па се спустиа на кауч преко пута жене и отпертлала чизме.

Дивно се провела. То је био један од оних мушкараца који се грубо и нападно љуби, хтео је да споји њихова лица. Држао је руку на њеном потиљку. То је било пренападно љубљење за први излазак, али њој се то допало. Оставила је чизме код кауча, на прстима отишла до купатила, упалила светло и тамо затекла Хегија како лежи на поду са савијеним ногама на грудима, као фетус.

"Хеги", рекла је заставши, "шта се дешава?"

Подигао је главу и погледао је огромним очима.

"Извршио сам самоубиство", рекао је. "Али није ми успело".

"Шта?" Мона је чучнула.

"Хоћу да кажем", рекао је, "само сам хтео да спавам и спавам, спавам и спавам, па сам узео девет пилула, девет опасних белих пилула, оних које некад користиш да би спавала? Узео сам их пре неколико сати. Девет. Сасвим сам сигуран, и осећам се добро".

Буљила је у њега. "Да ли си повраћао?"

"Не", рекао је, "чак нисам ни повраћао".

"Хеги", рекла је, "добро си?" Нагнула се и положила своју руку на његово чело. "Немаш температуру", рекла је. Села је поред њега. "Да ли си добро?"

"Мислим да јесам", одговорио је.

И даље је зурила у њега. И он у њу. Кад је устала, Мона је извукла бочицу с лековима из ормарића и прочитала упутство, погледала га је и завртела главом. "Девет?", питала је, а он је потврдио. Она није престајала да тресе главом, док је лекове враћала на полицу и затварала вратанца. Онда је опет чучнула до њега и додирнула му косу. Њен глас је био тих.

"Бринем се за тебе", рекла је.

"Знам". Подигао је руку и ослонио се на лавабо. "И ја". Подигао се. "Ипак, све то је тако чудно".

Мона га је ухватила под руку. "Да ли ти треба помоћ?"

"Не." одмахнуо је главом. "у томе и јесте суштина. Не треба ми".

Ушетао је у дневну собу и стао уз наслон тврдог кауча, гледајући кроз велики прозор на њихово мало двориште. Мона га је допратила.

"Она је још ту", прошапутала је, показујући на жену.

"Да ли ти је било лепо на састанку?", Хеги је гледао жену како спава. Лице јој је било мирно. Помислио је да је лепа.

"Да", рекла је, "ставрно је било добро. Допале су му се чизме." Хеги се насмејао. "Хоћеш да спаваш?"

"Мислим да нећу још", рекао је, "осећам се прилично будно. Мислим да ћу остати овде."

"Добро". Ухватила га је за раме. "Сигурно си добро?"

Потврдио је. "Добро сам", казао је. "Лаку ноћ, Мони. Лепо спавај".

Мона је узела чизме и тапкајући одшетала у спаваћу собу. Жена се промешкољила у фотељи. Хеги је отишао до уснуле жене и нежно одгурао фотељу, све док обоје нису били испред прозора. Гледао је у стаклу одразе њихових силуета. Она је још увек мирисала на дим и тај мирис му се допао. Сетио се Моне: шта ако те отрује?, и насмешио се. Сео је на страну кауча и посматрао њихове нејасне обрисе у стаклу. Једном је Мона отишла у купатило. Сем тога, све је било савршено тихо. После неколико сати, сунце је почело да просипа своје зраке по дворишту, полако показујући равноћу стакла, откривајући траву и једно дрво. Пластичну белу столицу прекривену росом. Празну дрвену хранилицу за птице. Посматрао је како њихове сенке нестају с прозора и ишчезавају у јутру.

8.

Почео је да плаче, исти ружни човек, увек: плима разочарења. Немогућа промена. С врата који га је сврбео стргнуо је огрлицу од лажног злата и бацио је на стакло, где се чуло једно незадовољно клинг. Пљунуо је мало, слабо, па пљувачка није слетела на огледало, него је уместо тога лучно пала и испрскала отмени сребрни рам. Мумлавац је почео да брише пљувачку с рама, али док је то радио, пљувачка је обрисала део сребра. "Шта?", рекао је гласно. Наслонио се напред. Наставио је да трља. Сребрна боја се љуштила, танка и попут папира. Испод је било само дрво. Мумлавац је лизнуо прст и наставио да трља. Боја се и даље љуштила. Потамнела сребрна, црна са дугиним преливима, скупљале су се испод његових ноктију и на јагодицама. Игноришући своје лице, повио се и наставио да трља и гребе. Шта знаш рекао је, мумл мумл, па ко би рекао да је и рам лажан. Огулио је цео рам, све док му руке нису постале црне и док више није било сребрне боје на раму, него само правоугаоник од лошег, џомбастог, браон дрвета.

Окрећући огледало, отворио је кукице које су држале стакло, и одвојио га од полеђине. Онда је ставио рам око свог врата. "Погледајте мој нови ланац", рекао је гласно, празној улици: "Овај уопште не сврби".

9. *Моје*

Седим поред жбуна дуго, али жбун ми ништа не говори. Наставља да гори, и даље претежно само доле. Слушам све напетије и напетије, све сам очајнија, и питам се да ли ће жбун икада успети да говори, да ли ћу икада моћи да разумем поруку која ми је намењена, и тада, управо док најпажљивије слушам, погоди ме, бум, само тако: па наравно. Овај жбун не говори. Овај жбун слуша. Он хоће да ја причам. Мој запаљени жбун био би другачији, мој запаљени жбун би ме волео.

Онда прочистим грло и причам му разне ствари из свог живота, говорим том жбуну. Мислим да никад пре нисам у једном даху рекла толико реченица, али ја му говорим отприлике сат времена о себи – о себи и о мужу и о мајци и о алергијама, и нисам баш увек знала шта да му кажем, а онда сам му описивала све што видим. Улица је сива и асфалтирана. Земља је овде сува. На небу нема облака.

Дивно је. Дивно је тако причати. После неког времена, исцрпљена сам и мислим да сам довољно рекла. Осећам се одлично, али грло ми је суво и треба ми вода, па почнем да захваљујем, још једном, и још једном, и оставим запаљени жбун поред аутопута неком другом. И почнем да ходам.

Сатима касније кад ме савладају глад и изнуреност, нађем се испред једне куће, једине куће у том крају која нема решетке на прозорима. Куцам на врата те куће. И добијам одговор. Лепо је унутра. Тихо је. Управо у тренутку кад тонем у сан, кад сам спремна да стварно спавам, први пут после толико времена, помислим на свог мужа, и на то где је он и шта ради. Свиђа ми се да га замислим како ћопа по кући, како урла моје име, седи на кревету и гледа на место где је стајало огледало, и пиљи у шаре дрвета. Свиђа ми се да мислим како отвара фрижидер и види ме унутра.

Али стварно? Пустите ме да вам кажем шта искрено мислим.

Мислим, да можда није ни приметио да ме нема.

Али. Ја јесам.

ПИЈАНА МИМИ

Био једном један ђаволак који је ишао у средњу школу на штулама, тако да нико није знао да је он у ствари ђаволак. Наравно, никад није носио шортс.

Задиркивао је девојчице; имао је неколико другара чији су родитељи били наркомани; био је најбољи на журкама, није се либио да уради било шта. Предлагао је женама и мајкама да спавају с њим. Причао је приче о сексу у авиону. Тврдио је да зна све о женама. Сви су имали петнаест година; нико се није усудио то да оспори.

Али једну ствар није знао: у школи је постојала једна сирена, она је била на другој години, такође. Она је носила дугачке сукње које су се вукле по поду и једну велику чизму која јој је сакривала реп, и она је користила штаку претварајући се да јој је друга нога, која наравно није постојала, повређена.

Била је тиха, та сирена, надмашивала је све у знању из океанографије, иако се трудила да не буде најбоља, није хтела да привуче пажњу. На сваком контролном задатку намерно је погрешила на бар три одговора. (*Шта је планктон?* чамац, написала би.) Била је прелепа, коса јој је била зеленкаста, што су сви приписивали деловању хлора. Очи пурпурне, сви су мислили да је то од дроге. Девојке су је називале снобом. Дечаци су се гуркали, и на крају сложили с девојчицама.

Ђаволак је на часовима енглеског, које су заједно похађали, седео иза ње. Непрекидно је сам себи тихо причао вицеве. Да ли си чуо виц о коцкастом јајету? рекао би себи, смејући се крају вица и пре него што га је испричао. Често га није ни испричао. Једног дана нагнуо се напред и умочио прамен сиренине дуге, маховином обрасле косе у своје пиво. Без проблема прокријумчарио је пиво у учионицу. Он је био паметан ђаволак. Пиво је сипао у конзерву од кока-коле.

Оно што није знао јесте да је њена коса била пуна нервних завршетака, била је то потпуно различита коса од људске косе, није била одумрла влас, мртва кожа, била је жива. Сирена се одмах осетила другачије, била је опијена од задовољства: течност. Лебдење. Кућа.

Да је ђаволак подигао конзерву, био би шокиран: била би тако лагана! Где је нестало пиво? Да је ближе погледао, угледао би пиво како се помера навише по праменовима њене косе, браон капи у зеленом лифту, усисане сламчицом од локни, видео би пену која пред њим нестаје у њеној гриви, у гриви коју је замишљао ноћу како лебди изнад његових малих рамена, кад лежи у кревету, го, затворених очију.

Краљица снобова. Зелене косе. Моја.

Сирена се напила од пива. Слабо је подносила алкохол. Под водом није био дозвољен алкохол.

Тог дана изашла је с часа тетурајући се. Ђаволак је то одмах приметио, мислио је, човече, и она воли журке! Она је савршена! Пијана Мими!

Бринуло га је скидање одеће. Бринуо је о њеној руци, која иде ка његовом колену — какве су ово дрвене мотке уместо твојих цеваница? Питала би. Њене пурпурне очи гледале би га зачуђено. Сноб, помислио би. Бринуо је, али ју је ипак пратио ходником. Начин на који се клатила тог дана био је секси. И начин на који се наслањала на штаку. Пратио је траг једне огромне чизме.

Почео је ручак. Сирена је одшетала напоље да легне испод наранџасто-црвених трибина. У глави јој је било мутно. Али њена коса се осећала живом. Кад је легла, и пустила косу да се вуче по прашини, њена коса се закашљала. Кад је ставила свој ранац испод главе, коси је одмах било боље.

Ђаволак ју је пронашао. Није баш знао шта да каже.

Да ли си чула онај о човеку с једном ногом?, почео је. Онда се одмах осетио глупо. Лош избор.

Сирена га је погледала.

Молим? рекла је.

Ђаволак је сео поред ње намештајући штуле.

Па, рекао је. Човек улази у кафану.

Благо је окренула главу према њему, али није ништа рекла.

Легао је поред ње. Прашина је била мека и фина, и он је из земље извадио бачени пикавац, и почео да копа рупу да га закопа.

Ђаволак је био нервозан, надао се да нико не седи изнад њих, на трибинама, да их не шпијунира. Онај високи момак?, рекли би. Није уопште умешан као што прича.

Свиђа ми се твоја коса, рекао је онда.

Хвала, рекла је сирена. За тренутак је ћутала. Погледала га је у очи мало дуже. Онда је рекла: можеш да је додирнеш ако хоћеш.

Стварно? Ђаволак ништа друго није ни желео.

Стварно, одговорила је сирена. Насмешила му се. Само буди нежан.

Ђаволак је оставио полузакопани пикавац и испружио руку да поглади фине зелене крајеве косе.

Мека је, рекао је.

Сирена је задрхтала. Свака длака је зашуштала, жуборећи кроз цело њено тело.

Ђаволак је почео од корена, а онда је пустио своју руку да клизи по сјајној површини све до крајева.

Да ли си чула онај о мртвој мачки? Питао је, церекајући се помало.

Сирена није одговорила, њене очи су се затварале.

Видиш, била једна мачка, почео је ђаволак, и удари је аутомобил. И кад она оде у рај, свети Петар је пита чиме је заслужила да уђе у рај.

Знам да си ђаволак, рекла је сирена.

Његова рука је застала.

Немој да прекинеш, рекла је, молим те.

Како си знала, зацвилео је, нико не зна! Замислио је полицију. Замислио је јавни проглас. Почупао је за косу, случајно.

Јао, рекла је сирена. Нежно, молим те.

Хоћеш ли ме одати? Пријавити полицији? Питао је ђаволак.

Наравно да нећу, рекла је сирена. Волим ђаволке, рекла је.

Волиш?

Наравно, одговорила је. Ђаволци су слатки.

Слатки? Слатки? Додирнуо јој је руку.

Не, рекла је. Само косу.

Тргнуо је руку и накашљао се. Погладио је опет по коси, овај пут спорије. Њено лице је почело благо да румени.

То је моја тајна, рекао је. Она му је одговорила, разумем те.

Рекао је, нисам баш сладак.

Њена коса је оживљавала, хватала му се за прсте.

У реду, рекао је и опет се закикотао. И онда, рекао је, она мачка, мртва мачка, каже светом Петру да је била добра мачка, да је доносила мишеве својим газдама током много година, наставио је ђаволак.

Његове ноге су се окретале напоље и унутра, крте дрвене кости – његове штуле испод плавог џинса. Наставио је да јој милује косу. Од корена према крајевима. Од корена према крајевима.

А свети Петар, наставио је ђаволак, тако св. Петар пошаље мачку у пакао јер је била убица.

Застао је, с руком на средини њене косе.

Немој да престанеш, опет је рекла.

Од корена према крајевима. Коса се увијала око његових прстију као мекани свитак.

Лепа ти је коса, рекао је.

Она је била тиха. Њена коса се подигла с ранца на његову руку, као тканина бледе бледозелене боје, као завеса која се подиже.

Рука ђаволка била је мирна, али његови прсти су сада дрхтали. У реду, наставио је. И тако. У паклу, ђаво је рекао: Ухвати ми неког миша, убицо, цица-мацо! Хоћу да га скувам у лонцу!

Али мачка је рекла Не. Рекла је. За тебе, ђаволе, то нећу да радим. Убијам мишеве само добром газди. За тебе нећу да убијем ниједног миша.

И пуф! Мачка оде право у рај.

Ђаволак се кикотао. Гледао је у сирену.

То је то, рекао је. То је био виц.

Од корена према крајевима.

Тај виц сам измислио.

Њене очи су биле затворене. Убрзано је дисала.

Мими, рекао је ђаволак, да ли си добро?

Немој да престанеш, опет је рекла, једва хватајући дах, молим те, рекла је, само настави. Он је наставио да глади косу надоле, изблиза гледајући шта се заправо дешава, и кад су јој се најзад леђа извила, и кад је дахтала, није ни тада престао, био је миран и тих, само је гледао, миловао је косу огозго надоле, све док она није подигла своју руку, задихана, и зграбила његову, снажно је стежући, захваљујући му све време, и није уопште била сноб, није била нимало уображена, хвала ти, хвала ти, све док се он од изненађења није гласно насмејао. Њене пурпурне очи биле су још пурпурније и он је мислио да му све мирише на цвеће.

САТРИ ОВУ ДЕВОЈКУ

На путу до посла виђам ту жену која носи кратку кошуљу, види јој се пупак. Она има округласти стомак и кожа јој се превија тако да њен пупак изгледа као веома дубока рупа. Ходам с укљученим вокменом доњим делом Улице Стајнер, музика у мојим ушима је прегласна за петак ујутру, и ја осећам талас пожуде да забијем курац у ту добоку тамну пупчану рупу, да туцам жену с кратком кошуљом, да је свалим на тротоар и узмем.

Наравно, ништа од тога не радим. Али сасвим јасно могу да замислим како изгледа продрети у жену, осећам се као да сам то урадила. Моје тело је на њеном, пијана сам од освајања, клизим полако: моји кукови, гурам, глатко је и влажно. Мислим на ту девојку с пупком и сигурна сам да бих је шокирала, то ми се свиђа. Желим да видим како се девојке топе, јер девојке су тако проклето недокучиве, никад не можеш да знаш шта заправо мисле, с том разликом што сам и ја девојка, ја знам шта већина девојака мисли. Знам шта ја мислим, а тренутно мислим управо ово.

Одем на журку и седим тамо с људима које не знам баш добро или који ми се не свиђају, и причамо о филмовима које сви мрзимо. Носим кратку ваздушасту сукњу, мајицу с великим деколтеом и сва сам сласна. Сретнем мушкарца на овој журци који ме прати до кола. Он има чупаву риђу косу и жуљеве на рукама од зидања, или гитаре, или голфа: живела тајанственост – ништа га не питам.

Поред кола узимам његову руку и ставим је на своју сису. Јако сам храбра, јер сам попила три пива и све што сада хоћу је топла жуљевита тајанствена шака на мом телу. Он изгледа запањено, али онда му се лице разведри и он ме другом руком ухвати за струк, а ја уживам, топим се, топим од сласти, отварам му се као сан и његова сам те ноћи, све док топлота не нестане.

Лоше се љуби, али има дивне руке. Ми се налазимо у делу града Мишн, а он живи само неколико улица одатле у кварту Валенсија, идемо у његову собу, која има избочене викторијанске прозоре и кревет на поду и постер неке групе, за коју никад нисам чула и која се зове *Муволов*, и до постера, који виси на зиду и где су се потписали сви из групе, стоји муволовка, и мени је то симпатично. Љуби ме у врат отпозади, и ја мењам мишљење и одлучујем да ме баш добро љуби, и наша одећа спада онако како одећа пада, у његовој соби је полумрак, и ја на тренутак помишљам како никад не желим да одем одавде.

Говори ми лепе ствари о мом телу.

Док ме туца, ја замишљам како ја туцам неку жену, и уста ми се грче. Има нас троје у кревету: ја као жена, ја као мушкарац, и он, риђокоси момак с феноменалним рукама. Он мисли да сам ја само нека женкица, лака, поводљива девојка, он нема појма шта ја мислим. Нема појма да сам ја такође и сенка на његовим леђима, која продире, гура унутра.

"Ох", наставља да уздише, "ох", и његове очи су затворене од уживања. Кад спавамо заједно он ме држи у наручју као да ме воли. То сам приметила: на првом рандесу, после првог секса, мушкарац те грли много боље него касније. На првом састанку, ти си као замена за последњу девојку коју је тај мушкарац волео, пре него што он схвати да ти ниси она, па од њега добијеш све оно лепо из претходне везе. Осетила сам се заштићено, приковано за његов стомак, као да се већ годинама знамо и као да сам његова прелепа девојка и да смо дивно спавали.

Риђокоси момак се, наравно, зове Патрик.

Пре него што се пробуди, отрчим у купатило да видим како изгледам, и у ствари, изгледам прилично добро. Румено и јебозовно. Кад се вратим он још увек лежи на кревету, и ја му се с леђа привијам и мислим како хоћу да га гледам кад се пробуди. Хоћу да спавам опуштено и на свој секси начин, да ме опет пожели.

Сећам се да сам у средњој школи била посебно добра у томе да се исфолирам. Вежбала сам како да изгледам замишљено, деловала сам безбрижно — колико ли сам младића само прешла? Док сам тамо седела, за косом зализаном иза увета, наводно удубљена у читање, замишљена управо над овим монологом, читајући по сто пута исти одељак, чекала сам да ме примете и да ме пожеле, опчињени мојим изгледом читатељке. А тек кад се сетим како сам гледала мраве, и хтела да изгледам како неко ко је чудноват и близак природи? А тек кад сам посматрала звезде, кад сам хтела да делујем незадрживо, тражећи мисли које би се уклопиле у мој аутопортрет? Преварила сам толико момака? Толико пута су мислили да сам тајанствена, ах, та девојка, ми немамо појма шта та Сузи мисли, а све о чему сам мислила било је како изгледам и да желим да мисле само о мени.

Склупчана уз Патрика, опет заспим, и кад се пробудим он је на другој страни собе. Прелазим прстом преко књига на његовој полици, и налазим албум за слике. Прилично је тежак, али ја га подигнем и ставим у кревет и почнем да га прелиставам.

"Патрик", кажем, "ко је на овим сликама?"

Он разврстава видеокасете можда зато што хоће неку да одгледа. Погледа ме.

"Пријатељи, бивше девојке, знаш, уобичајене ствари из фотоалбума".

На његовим леђима је јутарње светло и он изгледа бледо и лепо.

"Па, ко су ти најважније девојке од свих ових?" Видим неколико жена на фотографијама и све су привлачне, због чега се осећам и добро и лоше.

"Како мислиш *најважнија*?" Док говори он зева, али ја мислим да се фолира.

"Знаш, ону коју си највише волео".

Он дошета до мене и притом остави хрпу видеокасета на поду, и почне да преврће странице у фотоалбуму веома брзо, и ја тако знам да он добро зна којим редом су сложене фотографије и да воли да их гледа, и због тога пожелим да се прилепим уз његово тело.

"Ево", каже показујући. Видим неколико слика смеђокосе девојке која има кратку косу и велика насмејана уста, Патрик и смеђокоса код Великог кањона, Патрик и смеђокоса како се сами сликају, тако да су им лица изобличена и носеви огромни.

"То је она коју си волео?"

Климне главом и изађе из собе. Оставља видеокасете свуда по поду. Студирам девојчино лице. Она уопште не личи на мене. Он се не враћа у собу, и ја чујем шуштање новина, па знам да га нећу видети барем сат времена. Узмем телефон и окренем своју сестру Еленор. Она устаје рано суботом ујутру. Нема шта друго да ради.

"Хало?" Њен глас је дубљи од мог и звучи као глас старије жене.

"Ели, шта мислиш, да ли да се ошишам на кратко?" Гола сам и подигла сам ноге у вис, зато што тако изгледају најбоље, кожа ми се затегне и виде се само мишићи.

"Ради шта хоћеш, Сузи". Еленор је увек депресивна. Еленор је дебела.

"Досадило ми је како изгледам. Хоћеш да идемо да купујемо крпице? Сад је рано, можда мало касније?" Волим да идем у куповину с Еленор, јер у односу на њу изгледам феноменално у свему што обучем.

"Радим", каже.

"Да ли је ту мама?" питам.

"Да, хоћеш да причаш с њом?"

"Не", кажем, "али питај је да ли мисли да би ми добро стајала кратка коса, хоћеш?" Слушам како Еленор поставља питање мајци као добра старија сестра. Њен глас звучи уморно, и требало би да се због тога и ја осећам лоше, али се ипак не осећам тако. Њен глас ме подстиче да упишем школу каратеа, јер волим тако да држим руке и пријало би ми да поломим даску, од тога бих се осећала добро — трес, крц, трас.

Еленор ми каже да је мами свеједно. Кажем ћао и прекинем везу. Одем у кухињу и узмем погачицу без питања, и читам текстове о познатим личностима, и Патрик ме гледа и смеши се, што је паметно с његове стране, ако жели опет да види моје дупе у кревету.

Изгледа да Патрик ради испод града, у шахтовима, поправља цеви или нешто слично. Он подигне поклопац од шахта и скочи унутра. Смејем се и кажем му да је то као да целим својим телом туца цео град, али ме он не разуме, а кад нешто не разуме, ћути. У ствари, углавном ја причам, и с Патриком, и с било ким другим.

Одлазим да га нађем у шахту. Рекао ми је да је био у Улици Дивизадеро, и да нису затворили шахт, и тако је остао отворен, као нека врата за хобите, отворена за свакога. Спустим се доле, у стомак улице, што је невероватно узбудљиво, тамно је, прилично гадно смрди и могу да чујем аутомобиле како јуре изнед мене. Изгледа ми као да иду јебено брзо.

"Хеј Патриче", вичем, "хеј, Патриче, имаш госте". Мој глас одјекује ходницима и после неког времена чујем шуштање, а то је Патрик који носи нешто наранџасто и не изгледа срећно што ме види.

"Шта радиш овде?" Он је набусит, као да је његов шеф, тик уз њега, али колико могу да видим, сами смо.

"Мислила сам да дођем и донесем ти биљку за твоју нову кућу", кажем и смејем се. Пожелим да сам стварно донела биљку и мислим како сам довитљива. Питам се зашто ме још не воли.

"Сузи, мораш да идеш", каже. "Овде је потпуно опасно за тебе. Мораш да имаш специјалну дозволу". Неће ни да ме погледа. Његове руке су у рукавицама, а рукавице су умазане машћу. Желим да ме шчепа с тим рукавицама и да ми умаже цело тело и моју лепу хаљину, и да ме свали на земљу, са свим тим аутомобилима изнад нас, с тим плафоном од аутомобила.

"Сузи, иди". Његов глас је јачи, готовоо зао. Почнем да се пењем горе и он стави своје руке на моје бутине да ми помогне да се подигнем, и кунем се да то ме толико напали, да скоро хоћу да се бацим доле, али пошто опет хоћу да видим Патрика, не смем то да урадим, јер би закључао своја врата за мене, заувек.

Назад на улици, кола делују споро. Ваздух је чист а ја још увек могу да осетим мирис уља у ноздрвама. Не знама шта ћу да радим, субота је и скоро је вече и мислим да кад Патрик изађе из рупе, неће сигурно одмах хтети да ме види. Одлазим у бар и пијем пиво. Шанкер ме уопште не гледа, уместо тога прича с девојком која седи поред мене, а која има савршени коњски реп, док ја једем переце из кесице, коју затим исцепам на траке.

Све ово траје пола сата, и одлазим, пошто ми је мука од тога да ме неко игнорише.

Ходам улицом са укусом пива у устима, топлим, горкастим и дивним, и замисли, ево је опет она девојка, девојка с пупком, која се нагиње уназад да покаже ту чудесну рупицу целом свету. Она нема јебеног појма.

Док пролазим поред ње, желим да је шчепам за ручни зглоб и да је одвучем у шахт, који је само блок-два иза нас. Она ме гледа и смеши ми се јер зна да не мора да ме се боји, она мисли да сам ја на њеној страни, а нисам. Ја хоћу да изгазим ову девојку чији се пупак отвара као да је само мој. Желим да је повредим зато што изгледа као да би могла да буде срећна и као да би могла да има дечка, а ако још нема, имаће га ускоро. Хоћу да је јебем поред контејнера, да је исечем као цепаницу, као да је дрво, не занима ме да ли и она мене жели, баш ме брига да ли код куће има људе који је много воле. Идем и идем, и идем и дођем до Маунт Цион болнице, што значи да сам близу мамине куће, па се одшетам тамо, и на спрату, кроз прозор нејасно угледам Еленор, која седи испред телевизора и једе чипс. Не желим да додирнем Еленор. Углавном желим да се она пробуди. Пробуди се! Волела бих да је испливам с много хладне воде. Настављам да ходам. Нећу да причам са сестром и дефинитивно не желим да видим маму.

Пролазим поред фризерског салона, који ради до касно увече, за хитне потребе. Фризерка управо затвара кад уђем унутра, и кад је замолим да ми одсече сву косу, сасвим кратко и безобразно, она је тако уморна и изнурена, да могу да се кладим да има петоро деце или тако нешто, али она ме ипак ошиша и то за десетак минута. Наплати ми десет долара, долар по минути, претпостављам. Не изгледа лепо. Стално се гледам у излоге, да бих била сигурна да сам то ја. Лепо ми је кад додирнем потиљак. Ходам у цикцак малим улицама све док не наиђем на луксузни хотел и не уђем унутра, где је гомила матораца. Прилазим им.

"Да ли неко хоће да ме части пићем?" питам, и они се сви насмеју и сви хоће, али ниједан од њих то не чини, сви они врте главама у исто време, као неке старе патке. Бацим се на црвени плишани хотелски кауч, кад ми један други старији мушкарац приђе.

"Чуо сам те", каже, "и волео бих да ти платим пиће". Насмешим му се. Сед је, али је згодан.

"Супер. Донеси ми шта год хоћеш". Наслоним се на кауч и затворим очи док он одлази до шанка. Кад се врати хоћу да изгледам као лака и сирова женска. Раширим ноге тако да се назире тама мог међуножја. Наслоним ноге на наслон кауча, као да се пењем на врх света, као да је све моје, тако сам самоуверена. Враћа се са вотком помешаном с неким пићем за мене, десет степени испод нуле, чаша је замрзнута, и клизи ми низ грло као јако хладна вода с укусом воде. Пијана сам после пет минута.

Он ми поставља питања и ја га лажем док му одговарам, а он хоће да зна да ли би се попела у његову хотелску собу која је само неколико спратова изнад нас, и ја нисам баш сигурна да то желим али идем.

Идемо на девети спрат у његов апартман. Унутра је дивно, има златних старинских славина, и на зиду нема јефтиних бедних слика пејзажа, уместо тога видим мост и градска светла која се управо пале, десет по десет.

Он стане иза мене и откопча рајсфершлус на мојој хаљини, тек тако, а ја затварам очи и замишљам да је он Патрик. Управо сада Патрик се вероватно пита где сам и можда му је жао што је био онако груб према мени у шахту, или можда више никад не жели да ме види, јер мисли да сам нека лујка која силази у шахтове, и можда је и у праву, јер ево ме ту у хотелу, чекам да ме јебе матори, богати бизнисмен који заправо може да ми буде отац.

Држим очи затворене и осећам његове руке свуда по мом телу и мислим на његово тело, да ли ће бити избopaно и са седим длакама на грудима, па пожелим да му исечем грклjaн дугачким оштрим ножем и од тога постанем влажна.

"Ово је дивно изненађење", каже, "нисам очекивао да ће ми се ово десити на путу".

Не кажем ништа. Очи су ми још увек склопљене. Пољубио ме је и то није било лоше, он ми држи лице и лепо мирише, а у мени су врата која су се отворила, и могла бих да се расплачем и да пузим унутар његових намрешканих седих груди, да плачем и осећам се као да ми је својом руком пробоо срце.

Требало би да одем, али ја остајем. Води ме до кревета, а ја се свом својом снагом упињем да се не расплачем. Чак ни не примећујем кад ми скине одећу и положи ме на кревет, ја само вежбам своје дисање, један, два три, удах, издах. Немој да плачеш, сад није прави тренутак, али циклон суза се окреће у мом грлу, ја покушавам да га зауставим, иди, кап по кап, мало-помало, назад у мој стомак. Хватам га за мишиће, и његова кожа се одваја од меса, јер је стар. Затворених очију, одлучујем да уместо њега, замислим да је то Еленор која је смршала, па јој виси кожа. Он је Еленор која ме покрива у кревету, као што је радила кад сам била мала и кад је тата отишао, и кад сам ја стално мислила да ће он ући кроз прозор, али да ће се спотаћи и умрети. Еленор би ме миловала по челу и рекла ми да тата нема о шта да се саплете, она је очистила стазу испод прозора. Много сам волела своју сестру јер ми се није смејала, него је уместо тога рашчистила стазу испод прозора. И опет ми се плаче, због љубави према Еленор, и сузе ми нагрђу кроз затворене очне капке, и стежем те мишице и померам кукове и баш сам поносна на моју Еленор што је скинула толико килограма. А кад јој се кожа опет затегне, о, биће тако лепа. Баш бих волела кад би она била бар неко време та која је лепа, онда бих ја могла да мало да нестанем и да будем ружна и тиха.

Његово дисање се променило, једва препознајем да је свршио по задовољном дахтању. Он сиђе с мене и оклевајући, спусти руку на мој кук. чекала сам на ову паузу да побегнем у купатило.

Отворим очи. Његово лице је поред мене, црвено и знојаво, с глупим осмехом на лицу и ја му извештачено узвратим осмех, извиним се и одем у купатило са старинским златним славинама и с малим пластичним бочицама хотелског шампона. Седнем на WC. Мислим да бих могла да се преполовим, да се распаднем, и откријем у ком сам хаосу већ шест година, као бабушка, с тим што се моје две половине не склапају тако добро. Али ја се не распадам, овај тренутак је прошао, осећам како ми низ лице цуре сузе, иако је нестао онај притисак који сам потискивала. То сам ја у свом телу на клозетској шољи, гледам се у огледало с новом кратком фризуром која је грозна.

Он спава кад ја излазим, изађем у ходник и спустим се лифтом, онда идем пешице до свог стана. У стану је мрачно и нема порука у телефонској секретарици, црвено светло не трепће. Нико ме није звао. Патрик ме није звао, а требало је да се видимо вечерас.

Станем испред огледала и посматрам своје тело у овој оскудној хаљиници коју носим, док су ми најлон чарапе спале и неједнаке су дужине и покушавам да заборавим да ме је управо јебао човек од шездесет пет година који ми је платио само једно пиће. Размишљам о тој својој курчевитој фантазији, терам себе да пожелим саму себе да појебем. Хајде, изволи, погледај то добро дупе, погледај то тело, хоћеш да је узмеш, зар не, хоћеш да сатреш ову девојку.

Али пред собом видим само девојку у плавој хаљини кратке косе и тужних очију и уопште не желим да је јебем. Изгледа ми тако уморно. Одлазим до прозора и гледам градска светла, која су у свим бојама, па протурим главу кроз прозор. Доста је ветровито, ветар ми одува косу с лица и осећам се као керуша која се вози колима, ветар је тако хладан да ми очи засузе а ја се претварам да сам тужна и шмркнем неколико пута.

Ноћ је углавном мирна и чијем само неке звуке уз даљине. После неког времена чујем како се такси зауставља доле. Таксиста труби и три девојке у мини сукњама и са сјајним косама улазе унутра и већ се смеју. Од ветра ми сузе очи. Висим изнад њих као олук и размишљам да се бацим кроз прозор и да слетим на врх таксија и одем некуд с њима. Метал на крову аута се угне све док снажно не притисне главу једне од девојака и она се успаничи и вришти на возача који је не слуша. Помозите ми, виче пријатељицама, нешто се овде дешава, ауто се улубио! Оне мисле да се ова девојка шали али она је у праву: на њој сам ја, која гледам светла и небо изнад, док кола јуре, ја, која притискам метал, све док јој не смрскам лобању. Моје дупе и њен мозак. Моја тежина и њено бреме. Затворићу очи да осетим брзину. Осетићу ветар који ми се завлачи под хаљину и који ме продувава док јуримо кроз тунеле, све док толико не утрнем од хладноће да нећу знати кад будемо стали.

ТРЕЋИ ДЕО

Исцелитељ

Губитник

Завештање

Сањање на пољском

Прстен

Девојка у запаљивој сукњи

ИСЦЕЛИТЕЉ

У нашем граду живеле су две девојке мутанти: једна је имала ватрену шаку, а друга ледену. Сви остали су имали нормалне руке. Њих две су се упознале у основној школи и биле су пријатељице отприлике три недеље. Њихови родитељи били су одушевљени, нарочито су мајке ових девојчица сатима преко телефона препричавале шок које су обе доживеле на порођају.

Сећам се, једног поподнева, на игралишту, ватрена девојчица зграбила је ледену девојчицу за руку и – бум – одједном, неутралисале су једна другу. Њихове руке су се претвориле у право месо – од мутантског до нормалног. Ватрена девојчица се успаничила и истргла своју руку, која се опет запалила и претворила у пламен, док је истовремено лед опколио прсте друге девојчице као ледени стаклени турбан. Опет су се зграбиле за руке, и све се опет поновило. Одушевљене том дивном новом чаролијом, мислим да су неко време чак и наплаћивале гледање, и добро су зарадиле. Публика је волела да гледа како се две мале девојчице својим сићушним песницама поигравају природним појавама.

После неког времена, девојчица с леденом руком је рекла да јој је досадио овај трик и да неће више то да ради и онда су оне престале да се друже. Никад их више нисам видела заједно од тада, али сад су обе напуниле шеснаест година и имале су заједно час биологије. И ја сам била тамо, иако сам као старија похађала виши разред.

Ватрена девојка седела је у последњем реду. Варнице су искакале из њених прстију као капљице зноја и цврчале по линолеуму. Изгледала је добродушно и мало усамљено. За време одмора била је омиљена међу децом која су пушила, деца су мислила да је она најбољи упаљач.

Ледена девојка седела је у предњем реду и носила коњски реп. Држала је своју шаку од леда у џепу, али било је очигледно да је тамо, јер се лед топио и кроз одећу је цурила вода. Сећам се да је, кад су се почетком школске године лицем у лице среле, први пут после толико година, ватрена девојка испружила своју пламену шаку, вероватно да би опет извеле трик, али је ледена девојка само одмахнула главом. Нећу да се рукујем, рекла је. Тачно то је рекла. Мислим да се ватрена девојка због тога осетила лоше. Погледала сам је с разумевањем али она то није видела. После школе, прошла је поред зида од цигала и палила деци цигарету за цигаретом, мали црвени кругови у низу. Није хтела да остане у њиховом друштву, само је испунила своју дужност и отишла кући, сама.

Наш град је опкољен венцем планина, па због тога нико никада није ни дошао ни отишао из града. Само је једном дечаку то успело. Био је веома талентован у држању говора и једног поподнева се узверао преко планине Стари Миц, најниже у венцу, и заувек је нестао. После отприлике шест месеци својој мајци је послао разгледницу са сликом рибе, на којој је писало: у великом сам граду. Држим говоре без престанка. Воли те, Ј. Фотокопирала је разгледницу и поделила копију сваком становнику нашег градића. Ја сам своју окачила на зид изнад кревета. На путу до школе редовно сам измишљала његове говоре, увек су били о мени. *Данас ћемо се фокусирати на Лизу*, рекла бих имитирајући његов глас, *Лиза с две руке од меса*. Овде бих обично застала – не бих знала шта да додам.

На предавањима из биологије, те јесени, ватрена девојка је палила ствари својим прстима. Улазила би у учионицу са хрпом сувог лишћа, које је носила у школској торби, и кад би звонце зазвонило, на њеној клупи била је гомила пепела. Изгледа да је морала то да ради. То је много плашило децу, и спречавало их да се друже с њом. Покушавала сам да јој приђем, али нисам знала шта да јој кажем. За Божић те године сам јој купила цепаницу. Изволи, ово је за тебе, само је запали. Она је почела да плаче. Питала сам је: не свиђа ти се?, али она је рекла да јој се свиђа. Рекла ми је да је диван поклон и од тог дана запамтила ми је име.

Леденој девојчици ништа нисам купила. Шта уопште можеш да купиш леденој девојчици? Највећи део свог времена, кад није била у школи, она је проводила у болници помажући болесницима. Била је као мелем, говорили су. Њена вода имала је исцелитељску моћ.

А онда се догодило то да је ватрена девојка срела Роја. И тада се све променило.

Ја сам их прва приметила, и то сасвим случајно, и никоме нисам рекла, тако да није моја кривица. Рој је био младић без родитеља, и живео је сам. Ретко је долазио у школу и био је секач. Резао се по кожи жилетом. Једном сам видела, једне суботе кад су сви отишли на излет, а ја сам остала се досађивала и ушла сам у мушки WC и он је био тамо. Показао ми је како је урезао слова у своју кожу. Написао је ЈАОЈ на својој нози. Слова су била испупчена и бела. Испружила сам руку и дотакла их, а после тога сам отишла право кући. Било је тешко под прстима осетити слова. Ипак су деловала као најобичнија кожа.

Не знам тачно како је ватрена девојка упознала Роја, али знам да су заједно проводили свако поподне у подножју планина, она га је прљила. По парче свеже коже сваки дан. Кад сам једном после школе отишла у дугу шетњу близу Старог Мица, питајући се да ли сам икада ту прошла, видела сам их први пут заједно. Скоро да сам им махнула и викнула здраво, кад сам видела шта се дешава. Она ми је била окренута леђима, али ипак сам видела да се нагиње и спушта један ватрени прст на унутрашњу страну његовог лакта, док је он држао затворене очи и јечао. Пламичци су суктали и цврчали на месу. Усисала је ваздух, ссс, па је скинула руку с њега, и обоје су пали уназад, тешко дишући. Рој је имао нови знак на руци. Овај знак није био у облику слова. Овај знак је био вијугав, црн и пун украса, као мали лавиринт линија.

Окренула сам се и отишла. Тресле су ми се руке. Морала сам да се натерам да одем, иако сам желела још да их гледам. Наставила сам да ходам док нисам обишла цео град.

Током следећих месец дана и Рој и ватрена девојка изгледали су пресрећно. Престала је да доноси лишће на часове биологије и почела је да учествује, а Рој ми се смешио на улици, што *никад* раније није радио. Ја сам наставила своје планинске шетње после школе, и обично би их виђала како седе стиснути у хладовини, али више нисам себи допуштала да застанем и да их гледам. Нисам хтела да нарушим њихову интиму, само што то није био једини разлог да их не посматрам. Било је ту нечег необичног, нешто у вези с њима подсећало ме је на живи песак, као кад се оклизнеш и пропаднеш за трен. Само сам у лету хватала шта се дешава док сам пролазила. Увек је мирисало на роштиљ, тамо где су они били. Због тога сам постајала гладна, а онда и нервозна.

Једна породица која је камповала у подножју планине Стари Миџ видела их је заједно и то је испричала свима.

Ватрена девојка повређује људе!, објавили су, док је Рој покушавао свима да објасни да то није истина, али његове руке и ноге биле су прекривене опекотинама од ватрених прстију, а на бутини је писало JAOJ, тако да му нико није веровао. Веровали су ономе што је писало, па су га сместили у старатељску породицу. Чула сам да је после тога почео да жваће стакло.

Ватрену девојку су стрпали у затвор. Опасна је, сви су говорили, пали ствари, пали људе. И то воли. То је била истина: у затвору је ватреном песницом стегнула чувара за руку и направила му опекотину у облику тарантуле; морао је да оде у болницу где га је излечила ледена девојка.

Цео град је брујао о ватреној девојци целе те недеље. Рекли су: она је луда! Или: тако је примитивна! Док сам ноћу лежала у кревету, мислила сам на њу како се усредсређује и нагиње ка Роју. Сетила сам се како прети дрвећу као ураганска ватра.

Отишла сам у болницу, у одељење за опекотине и пронашла тамо ледену девојку. Ако ико зна неке одговоре, мислила сам, то је она.

Она је држала руку изнад болесног човека који је имао црвене ране по целом телу, и њен лед се топио и капао у његова уста, док је он одушевљено гледао у њу.

Хоћу да пођеш са мном у затвор, рекла сам, да и њој мало помогнеш.

Ледена девојка ме је овлаш погледала. Ко си ти? питала је.

Изнервирала сам се. Идемо заједно на часове биологије, рекла сам, ја сам Лиза.

Климнула је главом. Ах, да, рекла је. Седиш у средини.

Погледала сам човека који је лежао у болничком кревету, видела сам блаженство на његовом лицу и туробност на њеном.

Изгледа да ти ово није баш забавно, рекла сам.

Није ми одговорила. Дођи у затвор, рекла сам, молим те, она је тако несрећна, можда можеш да јој помогнеш.

Ледена девојка је погледала на сат на својој нормалној руци. Човек испод ње је почео да преде као мачка. Ако се вратиш за сат, напокон је изустила, изаћи ћу накратко.

Хвала, рекла сам, то је још једно добро дело.

Подигла је своје танке обрве. Имам ја довољно добрих дела, рекла је. Ствар је у томе што никад нисам видела затвор.

Вратила сам се тачно после сат времена, па смо кренуле заједно.

Чувар у затвору се озарио кад је видео ледену девојку. Моја жена је имала рак, рекао је, и ти си јој помогла. Ледена девојка се насмешила. Њен осмех био је мали. Питала сам га где је ватрена девојка и он ми је показао прстом. Пазите, рекао је, она ја лудакиња. Накашљао се и прекрстио ноге. Окренули смо се у правцу који нам је показао и ја сам прва кренула.

Ватрена девојка је седела дубоко у својој ћелији палећи паперјасту унутрашњост душека. Одмах ме је препознала.

Здраво Лиза, рекла је, како си?

Добро, рекла сам. Сад учимо о жабама.

Климнула је главом. Ледена девојка стајала је иза мене, посматрала је дебеле камене зидове у ћелији и ниску таваницу. Самица је била убитачно влажна и смрдела је на буђ.

Погледај кога сам ти довела, рекла сам. Можда може да ти помогне.

Ватрена девојка је погледала иза мене. Хеј, рекла је. Њих две су се немо поздравиле. Биле су тако званичне, да ми је то ишло на живце. Мислим да у затвору не мораш да будеш тако извештачен, можеш да се опустиш.

Пошто сам хтела да помогнем, извукла сам леденој девојци ону руку из цепа, иако је она благо негодовала. Испружила сам јој руку и провукла је кроз решетке ћелије. Рука је била необично тешка а то ме је дирнуло. Била је као нека велика хладна стена.

Ево, рекла сам, протресавши мало ту руку, узми је.

Ватрена девојка је ухватила ледену руку. Нико од нас није био сигуран да ли ће чаролија прорадити, да се није можда већ одавно истрошила, али није; чим су се додирнуле, лед се истопио и ватра се угасила, а оне су постале две девојке које су се држале за руке кроз затворске решетке. Било ми је тешко да их препознам. Њихова лица су изгледала потпуно другачије. Било је то као кад би видели неку филмску звезду голу, без шминке, с малим чкиљавим очима.

Ватрена девојка је почела да дрхти и затворила очи. Снажно је стезала девојчину руку.

Овако је много мирније, промрљала је.

Друга девојка се тргнула. Мени није, рекла је. Њено лице је почело благо да се жари.

Ватрена девојка је отворила очи. Није, рекла је одобравајући, наравно. Теби је сигурно другачије.

Склопила сам руке. Осетила сам се немоћно. Ово је било ван мојих моћи.

Претпостављам да не могу да те држим за руку цео дан, тихо је рекла ватрена девојка.

Ледена девојка је одмахнула главом. Треба да будем у болници, рекла је, потребна ми је моја рука. Било јој је непријатно. Лице јој је постајало све црвеније и црвеније. Држала ју је још само секунду. Треба ми рука, рекла је. И извукла ју је.

Ватрена девојка је спустила главу. Њена рука је букнула за трен, ковитлајући се у пламеновима. Сетила сам се кад сам је видела у подножју планине – била је задовољна док је јагодицама прстију опипавала Роја.

Лед се стегнуо око руке друге девојке. Она је закорачила уназад, и лице јој је избледело.

Одвратно је, рекла је ватрена девојка која је почела да хода по ћелији, тресући ручним зглобом, док су варнице и пламичци летели. Желим све да запалим. Желим све да запалим. Зграбила је гвоздени рам од кревета све док се није ужарио под њеним дланом. Да ли разумете?, рекла је, само о томе размишљам.

Могли бисмо да ти је одсечемо, рекла је тада ледена девојка.

Обе смо зуриле у њу.

Ти се шалиш?, рекла сам, не можеш да одсечеш *ватрену* руку, то је нешто предивно, то је чудесно...

Али ватрена девојка је оставила кревет и пришла решеткама. Мислиш да би успело?, питала је. Мислиш да би се нешто променило?

Ледена девојка је слегнула раменима. Не знам, рекла је, али мислим да вреди покушати.

Хтела сам да протествујем, али нисам била добар говорник, а онај познати говорник је заувек напустио наш град и понео са собом све добре говоре. Започињала сам реченице и нисам их завршавала. Напокон, послали су ме да пронађем нож. Не знам о чему су причале док сам била одсутна. Нисам знала куда да одем, па сам отишла кући и дотрчала назад. За десет минута сам опет била у ћелији, задихана, са кухињским ножем заденутим за појас као да је мач.

Ватрена девојка је била запрепашћена. Брза си, рекла је. То ми је ласкало. Помислила сам да можда могу да будем брза девојка. Сањарила сам да променим име у Аталанта, кад сам се пренула и видела како је била нервозна и уплашена.

Немој то да радиш, рекла сам, недостајаће ти.

Али она је већ пружила руку и узела нож, корачајући по самици, бацајући варнице према зиду. Углавном је говорила сама са собом. Све би било много лакше, рекла је.

Ледена девојка била је безизражајна. Остаћу, рекла је, затежући свој коњски реп, за случај да ти треба исцељивање. Хтела сам да је шутнем. Стомак је ужасно почео да ме боли.

Ватрена девојка је дубоко удахнула. Онда је, клекнувши, спустила пламену шаку на камени затворски под, треснула ножем тачно по месту где јој је био зглоб. После пресецања које је трајало око минут, вриснула је, шака је отпала, а она је с раном отишла до ледене девојке које је спустила своју исцелитељску шаку директно на рану.

Сузе су лиле низ девојчино лице док је пребацивала тежину с ноге на ногу. Одсечена шака на поду била је прекривена облаком дима. Ледена девојка се нагнула, њено благо лице постало је напето, и нешто чудно је почело да се дешава. Њена ледена шака није више исцељивала. Није више било леда. Ледена девојка је имала најобичнију људску шаку, којом је стезала исечени патрљак изнад ручног зглоба. Неутралисан и нормалан: ватрена девојка је са ужасом гледала.

Јаој, цвилела је ватрена девојка, само никада немој да ме пустиш, *молим те*, немој, *молим те*, али било је прекасно. Већ јој је пустила руку.

Рука ватрене девојке букнула је све до лакта. Само што је ово била већа ватра, стихијска и неконтролисана, јер није било прстију који су је усмеравали. Ох не, плакала је, покушала је да стресе ватру с руке, ох *не*. Ледена девојка била је тиха, спустила је руку која се опет претварала у лед, и која је почела да трне. Стајала сам у углу, стомак је престајао да ме боли, и покушавала сам да пронађем праве речи. Али њено тело је горело двоструко више, ватра је била двапут јача и двапут моћнија него пре. Још увек сам мислила да је све то дивно, али ја сам била само посматрач. Ледена девојка се нечујно одшуњала ходником, а ја сам остала још само неколико минута. Било ми је тешко да је гледам. Ватрена девојка почела је треска својом ватреном руком о зид од цигли. Кад сам отишла, она је седела на поду држећи своју одсечену шаку и палећи је прст по прст.

Пустили су је на слободу недељу дана касније, али су јој привезали на руку металну кофу пуну леда. Ледена девојка је у лед канула пар капи своје исцелитељске воде, како би лед био моћан. Кофа би се с времена на време усијала али њена ватрена рука је била очигледно стишана. Тог дана, кад је изашла, нисам отишла да је видим, остала сам код куће. Осећала сам се одговорном за све што се десило, и стидела сам се: ја сам била та која је довела ледену девојку у затвор, ја сам донела нож, и што је најгоре, мени је *лакнуло* што јој није успело да се ослободи ватре. Уместо да одем да је видим, седела сам код куће, у својој соби и мислила на Ј. у великом граду. Није више држао говоре о мени. Замишљала сам нас заједно, како стојимо насред прометне улице, и заобилазимо аутомобиле који јуре око нас, и ја га привучем себи и почнем да упознајем његову кожу.

Разне приче и трачеви почели су да круже градом, оног дана кад је ватрена девојка ослобођена: била је прекривена пепелом! Сад је цела ватрена с једном нормалном руком! Мој омиљен трач био је да су чак и њени зуби постали четвртасти пламичци. А истина је била, да је пронашла једну колибу направљену од метала, изван града, у подножју планина, и да се тамо преселила.

Најзанимљивије је шта се после свега тога десило с леденом девојком. Дала је отказ у болници и нестала. Мислила сам да ћу ја отићи, мислила сам да ће ватрена девојка отићи, али отишла је ледена девојка. Срела сам је на улици дан пре него што је отишла.

Како си, питала сам је, како је у болници?

Окренула се од мене, није хтела да ме гледа у очи. Сви у болници су болесни, рекла је. Стајала је тамо док сам ја чекала да настави. Да ли схваташ, рекла је, да ће се цело моје тело заледити ако одсечем себи руку?

Ах!, рекла сам. Замисли колико људи би могла да излечиш. Нисам могла да се уздржим. Још увек сам била бесна на њу што је уопште и споменула нож.

Да, рекла је, ошинувши ме очима на тренутак, замисли то.

Посматрала сам је. Сетила сам се њеног лица у затвору, док је чекала да види шта ће се десити кад ватрена шака буде одсечена. Надала се, бар ја тако мислим, другачијем исходу. Ставила сам руке у џепове. Мислим да ти никад нисам рекла, казала је, али ја не осећам ништа. Осећам само лед.

Климнула сам главом. Нисам била изненађена.

Окренула се. Одох ја, рекла је, ћао.

Кад се у граду открило да је нестала, избио је велики метеж и сви су окривили ватрену девојку. Мислили су да ју је спалила или нешто слично. Ватрену девојку која је све време била у металној колиби, која је седела у својој дневној соби, са руком у кофи. Цео град ју је оптуживао, све док једна гладна медицинска сестра није отворила болнички замрзивач, и пронашла хиљаду пластичних чашица напуњених чаробним ледом. Знали су да је то *њен* лед, јер кад су га дали пацијенту који је преживео мождани удар, човек се опоравио и отишао кући после два дана. Никоме није било јасно зашто је ледена девојка отишла, али су престали да криве ватрену девојку. Уместо тога направили су аукцију на којој су продавали чаше с ледом. Људи су стављали куће под хипотеку у замену за једну чашицу леда, за сваки случај, чак иако су сви били здрави, за сваки случај. Била је то добра залиха у замрзивачу.

Они који нису успели да дођу до леда, ишли су код ватрене девојке. Кад су били у невољи, или усамљени, или кад их је нешто болело, ишли су да је виде. Ако би имали среће, она је вадила своју пламену руку из кофе с ледом и нежно је додиривала њихова лица својим зглобом. Опекотине су исцељивале њихове болове спорије него лед и остављале су ожиљке на образима. Било је много људи с ожиљцима у граду. Питала сам их: да ли боли? А људи с опекотинама су климали главама, да. Али на неки начин је и дивно, рекли су. За један дужи тренутак, учинило ми се да су сви они били блиски.

ГУБИТНИК

Био једном један дечак, сироче, који је имао таленат да проналази изгубљене ствари. Оба родитеља су му погинула кад је имао осам година — пливали су у океану, кад су их изненада преплавили огромни таласи, и обоје су покушали једно друго да спасу од дављења. Дечак се пробудио на песку, сам. После трагедије, усвојила га је заједница и одгојила га, а неколико година после смрти својих родитеља почео је да погађа где су се налазиле ствари, иако нису биле видљиве. Он је као тинејџер постајао све моћнији у овоме, сад је већ могао да нањуши сунчане наочари, кључеве, сочива и џемпере.

Суседи су сасвим случајно открили ову невероватну вештину — те вечери био је у кући Цени Шугар, требало је да изађу, кад је Ценина мајка негде затурила четку за косу, и наоколо је шетала тражећи је. Младићев нос се благо окренуо према кухињи и показао на фиоку где су стајале кашике и ножеви. Његова девојка је прснула у смех. То би стварно било најблесавије место за четку за косу, рекла је, међу свом том сребрнином! и кад је отворила фиоку да покаже да он није у праву, кад је хтела да махне ножем или да се очешља кашиком, бум, ту је лежала четка за косу, препуна седих власи, поред виљушака.

Ценина мајка је пољубила младића у образ, али Цени га је сумњичаво гледала целе те вечери.

Све си то испланирао, зар не, рекла је док су вечерали. Хтео си да задивиш моју мајку. Мене ниси задивио, ако баш хоћеш да знаш, рекла је.

Покушао је да јој објасни, али она ништа од тога није хтела да чује, и кад ју је довезао до куће, побегла је пре него што је успео да јој каже да му је било лепо, што је ионако била лаж. Отишао је кући у свој собичак и размишљао о речи *усамљен*, и о томе како та реч и звучи и изгледа усамљено, са словом у, које је тако удубљено, угнуто, несрећно.

Како су се вести о младићевом таленту шириле по суседству, људи су реаговали на два начина: или су га дубоко поштовали или су били скептични. Они који су га поштовали, стално су га звали. Свратио би до њих на путу до школе, пронашао би им кључеве, а они би му дали по домаћу погачицу. Неповерљиви су га такође позивали кући, и надгледали га као копци. Иако би он увек проналазио њихове изгубљене стварчице, они су веровали да је све то превара, и да то ради да би привукао пажњу. Можда, изјавила је једна жена, машући кажипрстом, можда, рекла је, он краде ствари да би ми мислили да смо их изгубили, испремешта их, па онда наводно дође да их пронађе! Како можемо да знамо да ли су ствари уопште и биле изгубљене? Шта се, у ствари, дешава?

Младић ни сам није знао. Он је само знао да препозна осећај да га нешто вуче, незнатно али упорно, као да га неко дете цима за рукав, само што га је то цимање водило на прави пут, и показивало му где је предмет. Свака ствар имала је свој начин заузимања простора, а тако и другачију поруку о томе где се налази. Младић је могао да осети, да намирише присуство ствари – није морао да их види да би осетио где те ствари гравитирају. Као што је и логично, ствари које су биле миљама удаљене, захтевале су много снажније усредсређивање, него ствари које су лежале два корака улево.

Кад се мали син госпође Ален једног поподнева није вратио, тај случај је младићу био најтежи. Леонард Ален имао је осам година и обично је из школе долазио у 3:05. Био је алергичан и пре него што би изашао напоље да се игра, морао је да узме лек. Тог дана, до 3:45, неудата госпођа Ален била је очајна. Њен дечак се скоро никад није изгубио – само једном се десило да је нестао у супер маркету, али нашли су га веома лако испод једне тезге како плаче; али пут од куће до школе је био прав, а Леонард није имао обичај да лута.

Госпођа Ален била је сасвим обична жена из краја, изузев чињенице да је – додуше она је то наследила – поседовала један гаргантуовски смарагд који се звао Зелена звезда. Смарагд је у застакљеној кутији стајао на зиду, где је свако могао да га види, јер је тако она желела. Некада је на забавама, као главну враголију, угластом ивицом смарагда секла себи шницлу.

Тог дана, извадила је Зелену звезду из кутије и држала је своје дланове на смарагду. Где је мој дечак? плакала је. Зелена звезда била је хладна и пљосната. Отрчала је плачући код своје комшинице, која ју је отпратила назад до куће. Онда су њих две заједно темељно претражиле целу кућу. Њена комшиница била је верник, и предложила је да позову младића. Иако је госпођа Ален била неповерљива, мислила је да је вредно покушати све, па га је позвала телефоном, и дрхтећим гласом му рекла:

Морате да пронађете мог сина.

Младић је управо излазио да игра кошарку са својим пријатељима. Намирисао је да је кошаркашка лопта у кади, у купатилу.

Изгубили сте га? питао је младић.

Госпођа Ален је почела да му објашњава и онда се чуло шуштање на телефонској линији.

Само један тренутак, рекла је, и младић је чекао.

Кад је опет чуо њен глас, она је цептела од беса.

Њега су киднаповали, рекла је. И желе Зелену звезду!

Младић је климнуо главом, јер је тад схватио да разговара с госпођом Ален. Ох, рекао је, сад разумем. Сви у граду су знали Зелену звезду госпође Ален.

Одмах ћу доћи, рекао је.

Жена се загрцнула од суза и није могла ништа да му каже.

Младић је у мајици и шортсу дотрчао до куће госпође Ален. Био је задивљен како је Зелена звезда у свим својим деловима била једнако зелена. Пожелео је да је лизне.

До тада је госпођа Ален већ похистерисала.

Нису ми рекли шта треба да урадим, јецала је. Где да донесем свој смарагд? Како ћу да добијем свог дечака назад?

Младић је пробао да осети дечаков мирис. Тражио је фотографију и гледао у њу – у тамнокосо дете на опроштајној забави у обданишту – али младић је до сада само проналазио ствари, изгубљене ствари. Никада није пронашао нешто украдено или некога ко је отет. Он није био полицајац.

Госпођа Ален је позвала полицију и један од њихових службеника се појавио на вратима.

О, па ви имате овде човека који све проналази, рекао је полицијски службеник. Младић је скромно спустио главу. Окренуо се надесно, па налево, онда према северу и према југу. Учинило му се да је нешто осетио из правца севера, па је изашао кроз задња врата, у двориште. Спуштао се мрак и изгледало је као да небо расте и постаје дубље у тами.

Како се оно беше зове? викнуо је госпођи Ален.

Леонард, одговорила је. Чуо је како је полицајац извукао бележницу и почео да јој поставља питања.

Није могао да осети где је дечак. Осећао је ваздух и осетио је присуство Зелене звезде, предмета који је био пореклом из Азије. Осетио је цимање дрвета из предњег дворишта, које је било засађено у Вирџинији, и које је пресађено овде, и осетио је цимање сата на свом зглобу, сата ког је добио од ујака; у покушају да се понаша као отац, његов ујак је инсистирао да младић узме сат, иако су обојица знали да је тај гест неискрен и лажан.

Можда је дечак већ био јако далеко.

Чуо је како полицајац пита: шта је дечак имао на себи?

Госпођа Ален је описивала плаву кошуљу, и он је одмах усмерио пажњу на плаву кошуљу, искључивши све друге сметње, и плава кошуља као пронађена радио станица, одазвала се из правца северозапада. Младић је почео да хода, и ходао је, и отприлике после четрнаест кућа, осетио је плаву кошуљу, како вришти, како му се обраћа. Он је ушетао у двориште, кроз задња врата, и наравно, тамо унутра седело је четворо људи који су гледали телевизију, укључујући и дечака, чије лице је било умрљано сузама а нос слинав, и који је јео чоколаду. Младић је зграбио дечака, док су остали гледали, толико изненађени да ништа нису урадили а један од њих је чак промрмљао: извини, човече.

Сад се враћао назад, пролазећи поред четрнаест кућа и носио је Леонарда на рукама, као младу. Леонард је престао да шмрца и гледао је у звезде, док је младић осетио мирис путера од кикирикија у дечаковој коси. Надао се да ће га Леонард нешто питати, било шта, али Леонард је био тих. Младић је одговарао у себи: сине, рекао је, и реч се закотрљала, као кликер на мермерном поду. Сине, хтео је да му каже.

Кад је дошао до врата госпође Ален, која су била широм отворена, ушетао је са тихим Леонардом а госпођа Ален је одмах бризнула у плач, док се полицајац ишуњао напоље.

Хиљаду пута се захвалила младићу, чак му је понудила и Зелену звезду, што је он одбио. Леонард је укључио телевизор и шћућурио се на софи. Младић је отишао до њега и питао га шта гледа, али Леонард је ставио палац у уста и није одговорио.

Биће ти боље, рекао је нежно. С кошаркашком лотом под руком, младић је отишао кући повијених рамена.

Кад је стигао у своју собицу, скинуо се и легао у кревет. Да је дете било голо, без ичега на себи, без ципела, без ланчића, без рајфа, без сата, не би могао да га пронађе. Те ноћи лежао је у кревету са шумећим дрвећем које било пореклом из разних крајева света, и он је осетио њихову збуњеност. Овде нема снега. Нема ни много кише. Где сам? Шта није у реду с овом земљом?

Укрстио је своје руке испред себе и положио их је на рамена. Концентриши се добро, мислио је. Где си? Све му се чинило празно и тихо. Није могао да осети да га било шта зове или вуче. Стиснуо је своје очи и пустио да долазе питања: где си био? Дођи да ме нађеш. Овде сам. Дођи да ме нађеш.

Ако буде слушао довољно пажљиво, мислио је да ће моћи да чује таласе како се разбијају о обалу.

ЗАВЕШТАЊЕ

Грбавац је примио код себе трудну девојку, да се не би сазнало у средњој школи, све док се беба не роди. Он је девојци био као неки ујак, маћехин брат, а живео је у дворцу са слугом и с неколико размажених мачака. Њени родитељи, врло узнемирени овом непријатношћу, данима су смишљали како ће изаћи на крај с тим проблемом, док оцу није пала на памет изванредна идеја: онај дворац! Твој чудни брат! Не желећи да имају ишта више са својом ћерком, послали су је на воз који је ишао до замка, и дали јој кофер пун хаљина широких у струку и папрат као поклон ујаку.

Девојка се храбро успела уз четири стотине степеница преко шанца, који је окруживао замак, и одлучила је да јој се свиђа поглед из њене собе на врт. Слуга је бацио ону папрат. Рукама се држала за стомак и поскакивала с њим, док јој је грбавац, сладокусац вегетеријанац, сервирао кремасти спанаћ и пире од корена тропске биљке јам с путером, у својој хладној, каменом озиданој кухињи.

До њеног петог месеца трудноће, постали су љубавници. Лизао ју је по телу, жудео за њеним набреклим грудима, сладио се њиховим вршцима, све док се она није осетила потпуном, савршеном, као један привлачан круг.

Никад заправо нисам свршила с *њим*, шапнула је грбавцу једне ноћи, показујући на свој стомак. Неко ми је једном рекао да ће, ако жена сврши при зачећу, беба бити срећна. Слушај, ако је то истина, ово ће бити проклето дете.

Грбавац је прснуо у смех и држао ју је чврсто јер само пре десет минута, она није могла да *престане* да сршава од његовог упорног лизања. Рекао је, можда се нешто од наше среће пење горе, као срећа после зачећа, а она је утонула у милионе његових јастука и испустила уздах задовољства. Кад су спавали, она му се прилу̂бљивала с леђа, њен је велики стомак савршено улазио у удубљење испод његове грбе.

Сањала је како срећа путује навише, унутрашњом страном њехих бутина, блистава и голицава, као меки брилијанти.

После рођења бебе, није хтела да оде. Нико је није звао назад, а и да јесте она не би пристала. Хтела је да остане, тако му је рекла, а он је климао главом. Рекао јој је, пресели се у моју собу, и она је дошла после два сата, у његову собу у којој је било чудних столица с улеглим леђима и кревет са тамноплавим балдахином, боје као поноћ. Једног јутра је седела за његовим писаћим столом и припремала папире како би грбавац усвојио дете, како би званично постао отац, кад је случајно наишла на његове лекарске извештаје из клинике за пластичну хирургију. Шта је ово, рекла је гласно, али грбавац је био у ружичњаку где је плевио коров. Прочитала је све папире, мислила је да на то има право, јер он ће бити отац мог детета, и онда је сазнала да је пре две године овај сасвим обичан човек отишао да би му имплантирали грбу на леђима. Доктори су расекли његову кожу и убризгали му лоптице сала у рамени појас, а то га је коштало безобразно много пара, но, он је био веома богат. На једном од папира је писало упозорење: прејeдање ће утицати на величину грбе, па је схватила зашто му је грба отекла после вечере на Дан захвалности, а она је то отицање приписивала својој машти.

Хоћеш да кажеш да грба није права? урлајући је истрчала у ружичњак до траве коју је плевио, док је беба спавала, снажно му је гурнула прст у грбу, све док није рекао боли ме. Тада му је рекла: ти си лажан, лажан, лажан!, и зграбивши бебу прелетела је четири стотине степеница. Вратила се у град и лутала улицама док није нашла јефтини стан у сиромашном кварту. Срела је мушкарца без ногу. Како си постао овакав, питала га је, а он је одговорио: мој отац није знао да сам лежао испод кола и поправљао их, а она је рекла тако ми је жао, па је скинула сву одећу. Он ипак није био тако добар љубавник као грбавац. Свршавала је само с времена на време, кад је себи дозвољавала да се сети његових руку и његовог језика. Примирила се и постала медицинска сестра, специјализована за људе с деформитетима. А беба: испало је да је срећница. Кад је порасла, постала је филмска звезда. Имала је главне улоге у филмовима где је носила сребрне хаљине и у којима су сви гледали њено огромно лице на биоскопском платну, с дугим дугим трепавицама и рекли: она је нешто посебно.

Жалосно је што се њена каријера завршила онако како се завршила. На снимању њеног петог филма, старлета је седела за својим столом за шминкање, са главом на рукама, осећајући се неописиво тужно. Лепа сам и позната, имам богатство и љубавнике, мислила је, а ипак сам тако несрећна. Њена мајка, која ју је често посећивала, куцнула је на врата од приколице. Срце, рекла је отварајући врата, они — и занемела је усред реченице. Одмах је то видела. Шта је ово, избезумљено је питала ропћући без ваздуха, с укоченим пренераженим лицем, наслањајући се на врата како не би пала. Лепотица је подигла своју отежалу главу и погледала се у огледало. Кад је видела грбу која расте на њеним леђима, као планина која се уздиже, и кад је пробала једном руком да је напипа, није могла да се одупре олакшању које је било снажније од летења.

САЊАЊЕ НА ПОЉСКОМ

Један старац и једна старица сањали су исте снове. Били су у браку шездесет година и њихова кожа се толико изборала да је падала на зглобове као изгужвана постељина. Могуће је да су били најстарији људи на свету. Заједно су седели испред куће, додирујући се лактовима, у столицама од прућа, у којима би се и очекивало да седе, и гледали су људе како пролазе. Понекад су препричавали делове снова баштовану или неком случајном пролазнику. Већина људи им се смешила и брзо скретала поглед доле, на плочник. А кад би пала ноћ, старац и старица би ушли у спаваћу собу, разгрнули беле прекриваче, покрили се, и поделили оно што је испод.

. . .

То је било оно лето кад сам радила у гвожђари, и кад је моја мајка без престанка причала о путу у Вашингтон, где је планирала да отпутује сточним вагоном у ново отворени Музеј холокауста. Наводно тај музеј, највише од свих у свету, подсећа на концентрациони логор у Аушвицу. Ја нисам хтела да идем, била сам срећна да враћам новац женама које су куповале погрешна клешта својим предузимљивим мужевима. Уз то, моја мајка и ја смо већ пуно обилазиле музеје о концентрационим логорима, прошлог лета смо у Паризу виделе гомилу исечене косе, као и црно-беле фотографије у Амстердаму. Нисам хтела да идем, али она је наваљивала и преклињала ме, па сам пристала. Гледала сам како јој се тресу руке док чита биографије настрадалих, окачене о зидове, и питала сам се шта мисли.

Моја мајка није имала шта да ради преко дана, сем да планира путовања, она је била учитељица, била је слободна преко лета, али сам зато ја била до гуше у послу у радњи, слажући кесе земље за саксије, све док не би постале савршено уредне у редовима. Свако после подне сам проводила скидајући птичија говна са насумице постављеног кипа неког старогрчког бога, који је стајао насред главног градског трга. Нико није знао откад и зашто је тај кип ту стајао — нико, чак ни најстарији становници града. Као да је једноставно изникао из земље. Мој газда, из гвожђаре, мислио је да је његова дужност да кип блиста, па ме је свако поподне слао тамо, кад више није било много муштерија у радњи, и ја сам трљала сасушена бела говна са мишићавих гвоздених бутина, прелазила крпом преко жила на сивим бицепсима. То је био једини мушкарац ког сам на тај начин додирнула. Док сам га чистила, у себи сам певала песме које сам слушала у оквиру јутарње недељне топ листе. Певушила сам их у себи, јер ми је било најлакше да мислим на њих.

А увече, код куће, бринула сам се о оцу, који је био болестан и који је по цео дан проводио у кревету. Моја мајка је мислила да сам ја боља од било које медицинске сестре. Рекла бих му све шта се десило преко дана, делимично ослушкујући како мајка гледа телевизију у суседној соби, и крцка и пуцкета зглобом на руци, кад би видела нешто смешно. То је радила уместо смејања.

Отац је волео до у детаље да чује све шта се дешава у гвожђари. Волео је да прича о алату.

"Да ли вам је данас неко вратио неки алат?" питао је, с рукама положеним уз тело, које су личиле на штапове.

"Да", одговорила сам. "Госпођа џонсон је рекла да је купила погрешну величину француског кључа, заменили смо јој га, а онда је дошао и један човек, коме је такође био потребан француски кључ, имао је неких проблема с аутом".

"Мењач", рекао је мој отац зналачки, пре него што ће утонути у јастук.

Једном су старац и старица сањали да се свиња удавила. Као и обично, то су испричали комшијама, пажљиво ослушкујући своје гласове. Ретко су говорили у реченицама, уместо тога су описивали слике које су видели, као млади искрени песници.

"Свиња", рекла је старица.

"Без ваздуха", он би завршио.

"Свиња се копрцала", рекла је.
"И била је браон и мртва".

Тог дана их је један сељак ван града чуо док је пролазио, и кад је стигао кући, његова жена је истрчала пред њега да му каже да је трактор место земље случајно ухватио свињу, и убацио је наглавачке у гомилу ђубрива. Како свиња није могла да стане на ноге и извуче се, претурила се и угушила. Сељаку је ово било и узнемирујуће и гадно, али није размишљао о томе, све док није отишао у ВЦ пре спавања, кад се сетио приче старца и старице. И била је браон и мртва. Узрујан, рекао је жени да у граду постоје пророци, а жена је то свим суседима разгласила. Кад су вести стигле и до њих, старац и старица су се само насмешили и додирнули лактовима, са широком кожом која је скоро потпуно сакрила истетовиране бројеве на њиховим рукама.

Однела сам оцу кесу земље и засадила ротквице у саксију. Ставила сам их поред његовог кревета, како би и он могао о нечему да брине. Заливао их је двадесетак пута дневно пипетом, спуштајући капи воде на корен биљке – од тога ће биљка брже напредовати, рекао је. А ја сам му рекла да биљке брже расту ако разговараш с њима, па сам га затицала, у најразличитије време, како шапуће своје тајне влажној земљи – вероватно прича о својим сновима, или о томе како је бити болестан, бар ја мислим. О свом првом пољупцу и о другим стварима.

А кад бих села поред њега, само бих ја причала: Силија и њене анегдоте. Хтео је да зна, и то неодложно и хитно, шта сам радила у четвртом разреду, јер је он тад био здрав, и није много обраћао пажњу на оно што сам радила. Био је презапослен, слетао је на огромне аеродроме и склапао послове. Тада је много желео да добије сина и да се добацује лоптом с њим на травњаку. Сад знам да је захваљивао Богу што има ћерку. Син би већ одавно отишао. Сина би продувавао ветар у Њујорку, имао би топао укус црног вина у устима, руке на жени пуној облина, док би његов отац постајао све тањи и тањи у краљевском кревету, негде у унутрашњости.

Испричала сам оцу о Рецију, дебелом дечаку, који је био ошишан на лонац-фризуру, који ми се свиђао у трећем разреду, и како сам плакала оног дана кад се преселио у Кентаки, и причала сам оцу о својој бившој пријатељици Лони, и како је она почела да спава с момцима већ с четрнаест година, и како је то било глупо с њене стране. Разуздана Лони. Лака женска. Он се сместио у кревету, и смејао се док сам причала. Могла сам себе да чијем како блебећем, звучала сам тако младо и дивље. Да сам ја на очевом месту, помазила бих своју ћерку по глави. И наравно, кад сам га пољубила и пожелела му лаку ноћ, разбарушио ми је косу својим кошчатим прстима, који су још били чврсти и мирни.

"Добра си ти девојка, Силија", рекао је. "Ти си мало благо које чека да буде откривено".

"Дај", рекла сам брзо, мало нервозна, "не чекам ја ни на шта". Пажљиво сам затворила врата и отишла у кухињу и гледала у празно. Онда сам орибала шпорет, док није заблистао, бео и бљештав под мојом крпом.

. . .

У музеју концентрационих логора у Лос Анђелесу, морали сте да се претварате да сте ту депортовани, и тако сте могли да изаберете на која ћете врата да уђете: на она за здраве и младе или на она за старе и изнемогле, који су ишли право у гасну комору. Изабрала сам врата за "радно способне", и нашла сам се у каменој просторији с још двадесет Јевреја, и сви смо се пресвлачили. Нисам стварно разумела зашто сам дошла, зашто себе мучим проласком кроз још један музеј, док се нисам ухватила како машем и поздрављам таваницу. Онда сам схватила да сам дошла да посетим мртве људе. Желела сам да знају да ћу се вратити. Из неког разлога, ма колико да сам желела, нисам могла да их заборавим, да их оставим да лебде на плафону, као невидљиви тужни дим.

Једног јутра, старац и старица су се пробудили успаничени. Погледали су се и брбљали нешто на пољском, језику који су користили само кад су били уплашени. Отрчали су до трема и налетели на младог баштована који је садио азалеје на травњаку дуж улице.

"Ти", заплакао је старац. "Стани!"

Људи који су се ту затекли, а који су већ старца и старицу помало сматрали пророцима, због догађаја са свињом, стали су и слушали их. Баштован је обрисао своје блатњаве руке о траву. Старица је нешто фрфљала, повијеног тела које се видело кроз меку жуту спаваћицу.

"Немој имати других богова осим мене. Или ћемо сви умрети. Цео град ће помрети, помрети, помрети!" оштро је повикала, затим је пала у своју плетену столицу.

Мештани су се узнемирили због ових речи. Отрчали су до градоначелника, који их је помно слушао, гледао у под, и најзад проговорио:

"Градски састанак!", најавио је одлучним, ауторитативним гласом, који је до сада користио само кад му је пас пишао по тепиху. "Морамо да одржимо градски састанак".

Узнемирени, људи из града су дошли. Баштован је поновио шта је чуо. "'Немој имати других богова осим мене или ћемо сви умрети, умрети, умрети', тако је рекла." Сви су били уплашени, тако да нико није могао да схвати смисао ових речи, док Силвија Џонсон, католкиња, која је отворила радњу кромпира (свих врста -црвеног, белог, браон), није почела да говори.

"То је Прва заповест", мирно је рекла, задовољна што је могла да покаже своје познавање Библије.

Гомила је почела да мрмља, неки су препознали, а неки су се правили да су препознали заповест.

"Како мисле, *умрети*?" питао је један старији банкар.

Сви су погледали у градоначелника, како би им он нешто објаснио.

"Хммм", рекао је. "Хммм". Погледао је у људе. "Повинујте се томе. Послушајте". Осетио се као смерни слуга божији, чије је присуство наговештавао у својој заједници. "Састанак је завршен".

Сви су испарили из сале за вежбање. До сумрака, сви контејнери и све канте за ђубре биле су крцате скулптурама из Африке, јарко обојеним маскама из Мексика, и другим стварима које су и најмање подсећале на неког бога пре Њега. Сви су се питали шта ће са статуом оног грчког бога из парка, темељ му је био укопан неколико стопа испод земље, па га је било веома тешко уклонити. На крају је градоначелник прекрио кип белом драперијом, што је умирило забринут народ. Изгледао је као уметничко дело које дуго чека да буде откривено.

Моја мајка је почела да иде у дуге бесциљне шетње. Обично би изашла из куће после подне и после два-три сата би ме позвала из телефонске говорнице. Отишла бих колима по њу. Кад би смо стигле кући, ишла је право код оца у собу, и десетак минута би га волела, држала га за лице, певушила му у косу.

Често сам хтела да изгледам као моја мајка, она има дугу косу с црвеним пигментом, што значи да има нерв, да се ломи изнутра. Негде у њој лежао је ген импулсивности, ген који је мени сасвим сигурно недостајао. Моја коса је била тамно-смеђа, и понекад бих је офарбала у црвено, на недељу дана, али изгледала сам као служавка у принцезиној балској хаљини. Једноставно нисам била тај тип.

Једном, кад су пред сумрак, коси сунчеви зраци ушли у нашу дневну собу, моја коса постала је црвена, баш црвена, као мајчина. Гледала сам како ми је сунце запалило косу на неколико минута, подизала сам праменове и пуштала их да падну. Осећала сам се као да сам у другој земљи, где је ваздух тако врућ да је видљив, и да ми низ леђа цури зној. На тренутак осетила сам апсурдну снагу у ногама и леђима. Онда сам чула оца, како броји капи воде којима залива ротквице, и отишла сам да се истуширам, да избришем црвенило из своје косе. Грубо сам трљала сапуном своје тело, као да није моје, као да није младо, ни нежно ни збуњено. Покушала сам да замислим како би било не желети ствари. Избацила сам све жеље из себе, и пустила сам их да се одврте с водом и нестану у сливнику, да оду далеко од мене, утихнуле.

Кад сам се једно поподне вратила из гвожђаре, затекла сам оца како је пао из кревета и лежи на поду. Он је имао некакав напад, било ми је јасно, јер су чаршави на њему били увијени као канапи, а ротквице су пале, и саксија се сломила на тепиху, земља и теракота. Мајка је била у шетњи. Отрчала сам до телефона и погледала га, и онда сам одјурила назад до оца. Дисао је, могла сам то да видим, али глава му је била искривљена на неки чудан начин, и није се одазивао кад сам га звала по имену. Ипак сам поновила његово име неколико пута, али нисам хтела да га додирнем. Могла сам да видим гадне црне длаке на његовим бутинама, које су обично биле покривене жутим ћебетом. Отишла сам у двориште и трчала, трчала у малим круговима око лимуновог дрвета, с напред истуреном главом да повећам центрипеталну силу, верујући да тако нећу побећи од куће. Питала сам се да ли неки воз чека на железничкој станици, воз који иде на неко лепо место, питала сам се да ли кондуктер има љубавницу у једном од купеа. Замишљала сам га како иде кроз вагоне до ње, воз се тресе, иде да је види, иде да води љубав с њом у дугачком трескајућем возу, и у мојој машти воз је постајао све дужи и дужи, додавала сам му десет вагона, двадесет, невероватну дужину, пре него што је угледа, и удаљавала сам кондуктера, удаљавала, све док нисам чула мајку како откључава врата. Отишла је право у очеву собу. Кад сам утрчала у собу, нашла сам је како клечи поред његовог тела, с руком на његовој нози, како му мери пулс.

"Силија", казала је. Држала је браон кесу из књижаре. Питала сам се шта је купила.

"Овде", рекла сам.

Погледала ме је. "Помози ми да га подигнемо", рекла је. "Добро му је".

Кад је опет лежао у кревету, изгледао је сасвим нормално, као човек који спава. Мајка ми је направила пљескавицу и гледале смо телевизију око пет сати. Био је уторак увече, вече кад је телевизијски програм прилично добар, имале смо срећу. Пре него што сам отишла у кревет, провирила сам у очеву собу, мирно је дисао. Застала сам и извадила бебу-ротквицу, која је била на тепиху, у грумену земље. Била је тврда и црвена, као срце гмизавца.

Старац и старица су и даље сањали исте снове, али она више није могла да говори ниједан други језик сем пољског. Испред њихове куће седело је, обично, око осам или девет оданих следбеника. Цео град је био опрезан, забринут. Нервозни због Божије заповести, људи су проводили дане најпажљивије могуће, пазили су да случајно не учине неку непоправљиву грешку. Само што није дошло до убијања, кад се госпођа Џонсон случајно изланула: "Звезда ми", пошто је испустила клешта себи на ногу. Сви су задржали дах и питали се да ли је то крај. Ништа се у ствари није десило, али је госпођа Џонсон запрепашћена, журно отишла кући, и она и њен муж су се те вечери мазили с децом, пре спавања, мало нежније, лепше и дуже него обично.

Старица је волела своју публику, и није схватала да је више нико не разуме. Постављала је баштовану дуга и компликована питања на пољском. Али пошто су и његови родитељи били досељеници, климао је главом уљудно, и брао јој цвет из баште и давао јој, пре него што је одлазио. Старица је држала цвет у руци, а том руком се увек држала с мужем, и они су седели, тихо и стрпљиво, с цветом у испреплетаним прстима.

Једног поподнева моја мајка је отишла у шетњу и није се вратила. До девет сати, мој отац је био збуњен и испитивао ме је да ли је телевизор укључен. Ако је телевизор био упаљен, то је значило да је мајка код куће. После неког времена сам га укључила, иако је отац могао да чује да никога није било у соби, да је кауч празан, а лампа угашена.

До једанаест и ја сам била забринута и одвезла сам се до књижаре и тражила је по њеном балеринском хођању са стопалима изврнутим на страну. Није било никога сем мојих вршњака, који су кривудаво ходали тротоаром, с главама на раменима, с укусом пива у устима. Замислила сам разуздану Лони с њеним дечком, њену мирну руку на његовим витким леђима, замислила сам мајку на Нијагариним водопадима, како вришти и смеје се док слуша плавичасту воду како се разбија.

Кад сам се вратила кући, отац је скоро заспао. чуо је улазна врата и позвао из таме:

"Елен", рекао је.

"Силија".

"Немој душице да се бринеш", рекао је. "Она некад ради такве ствари. Сутра".

"Требало би да зовем полицију", рекла сам.

"Не", био је одлучан, "стварно. Ако до сутра увече не будемо имали никакве вести, онда у реду. Али зваће она."

Насмешила сам се. Знала сам да није тако. Али да би му било боље, остала сам у дневној соби с упаљеним телевизором целе ноћи, као што је она често радила. Нисам стварно гледала програм, него сам гледала у одраз мог тела на екрану, увртећи свој зглоб да се подсетим да сам ту.

Следеће вече, после вечере, нисмо и даље имали никаквих вести од ње. Донела сам му млеко и села поред његовог кревета.

"Позваће она", рекла сам неуверљиво.

"Знам", узвратио је. "Она то понекад ради".

"Да", рекла сам.

"Стварно". Погледао ме је на тренутак, додирнуо ми косу кажипрстом. "Ти си лепа девојка, Силија", казао ми је. "Мораш некад да изађеш. Сигурно ти је мука што се стараш о мени".

"Није", рекла сам и покушавала да смислим нешто паметно. "Није".

"Дечко, да ли ти се свиђа неки дечко?" питао је.

"Не", поновила сам." Ниједан дечко". Опет ме је погледао и помазио по коси. Осећала сам да се смешим.

. . .

Звала је у десет. Била је у неком бару у Конектикату, на путу за Вашингтон, где је планирала да посети онај музеј. Ходала је. Требало је да пешачи још један или два дана, и хтела је да сместим оца у воз и умотам га у ћебад, да му не буде хладно. Хтела је да он дође; могли би заједно да иду сточним вагоном. Рекла је да су јој ноге у пликовима, а ја сам је замислила како се одмара у том вагону, како се одмарају, како га она грли увијеног у ћебе, како се спремају да доживе симулирани геноцид.

"Дај ми оца", рекла је мајка.

"Спава", казала сам. "Стварно смо се забринули. Ниси звала. Била сам сигурна да... Нисмо знали где си".

"Да ли је то Елен?" чула сам очев глас, чудновато јак, из његове собе.

"Дај ми га", рекла је мама.

"Уморан је", одговорила сам јој.

"Силија", наредила је. "Одмах".

Довела сам га до телефона. Био је одушевљен што јој чује глас. Чекала сам да се наљути, да јој каже колико смо љути на њу, али није уопште звучао бесно. Уместо тога, увијао се у кревету као нека цурица и гугутао с мајком. Отишла сам од њега, згађена, у дневну собу и гледала одраз своје ноге у телевизијском екрану, све док нисам чула клик.

"Она хоће да седнем у воз и да се нађемо у Вашингтону".

"Па добро", одговорила сам.

"Ако будем седео у колицима и ако се умотам у ћебе, бићу добро", рекао је. "Објаснићемо кондуктеру. Једва чекам да одем на пут".

"Да ли се ти шалиш?", питала сам га.

"Не", рекао је, "не, то је могуће. Мало је лудо, знам, али мислим да је изводљиво. Твоја мајка иде пешке у Вашингтон — е, *то* је лудо".

Бленула сам у њега. "А и ти ћеш се одморити од мене", рекао је. "У ствари, можеш мало да се одмориш од нас".

Нисам била сигурна да ли је изненада полудео. Лежао је у кревету већ неколико месеци. Цело једно годишње доба није изашао напоље.

"Тата?", питала сам.

"Узећу пуно витамина Ц", казао је. "Биће све у реду. Идем сутра. Ићи ћеш са мном до станице?"

Стајала сам у вратима његове собе и гледала га, био је тако мршав под свим покривачима, да више нисам могла да му видим тело.

"Слушај, Силија", рекао је." Ја то не бих ни покушао да мислим да не могу".

"Видећемо ујутру", тихо сам казала. Насмешио се и угасио светло. Још неколико минута сам стајала у вратима, покушавајући да се сетим речи оних песама с радија, покушавајући да испуним цео мозак стотинама и стотинама стихова. Опрала сам фрижидер, који је већ био чист. Напокон сам изашла из куће.

Ноћ је била топла и ведра, у комшилуку су сва светла била угашена, травњаци испред кућа били су широки и празни. Ходала сам улицама, бројећи коцке на на плочницима док нисам избројала хиљаду, кад сам стигла на велики градски трг. И тамо је стајао кип грчког бога, који се назирао испод чаршава. Стајала сам тихо подно кипа и погледала около. Парк је био празан, само дрвеће и кругови раштрканих дрвених клупа око мене. Иако под чаршавом, кип је владао овим простором. Почела сам да трчим, напред- назад, готово без прекида.

"Урадићу нешто", упозорила сам га, поред његовог постоља. Сви прозори су били у мраку, људи су спавали, снажно се уздржавали од својих жеља. Чула сам како ми се убрзава дах од трчања. "Показаћу му", викнула сам, овај пут још гласније. Тишина је била огромна и празна. Трчала сам још брже, и брже, и брже, а онда сам нагло стала испод постоља кипа и умирила тело. Убрзано дишући ухватила сам угао белог чаршава. Трљала сам чаршав између прстију, док се материјал није подигао у моју песницу и трењем ми загрејао кожу. Добро сам га ухватила. И тад сам, једним снажним трзајем, скинула чаршав. Полетео је високо, као дах, и долебдео на земљу, згужван и савијен иза споменика.

Откривен, бог је изгледао огромно, већи него икада — млад и непобедив. Стала сам ногом на постоље и попела се на његово стопало, онда на колено, док му нисам стигла до лица. Држала сам се за његова рамена, прибила сам се сасвим близу, загрлила сам му рамена притискајући му груди.

"Оче", прошапутала сам. Слушала сам како ми се дисање стишава и чекала сам да се нешто промени.

ПРСТЕН

Заљубила сам се у лопова и он је почео да ме води са собом у крађе.

Немој превише да причаш, рекао је, одаћеш ме.

Ја много причам, и то ми је пало тешко. Сасвим тихо ми је шапнуо да претражим кухињу док је он отишао да прегледа чега има испод кауча у дневној соби. Гурнула сам руку у лимену кутију с брашном и пронашла *дијамантски* прстен! Било ми је тако тешко да не викнем! Поклапајући руком своја уста, неколико пута сам шапнула у длан реч дијамант. Ставила сам га на домали прст, тамо где се ставља венчани прстен и бела прашина се просула на моју рукавицу, као да је неко хтео да ме скува.

Лопов се вратио с пленом: три златна ланца, сат, две дијамантске наруквице и сјајна кашичица, а кад је видео онај прстен како високо стоји на мом прсту у кожној рукавици, одмах ме је запросио, тад и баш тамо, скинуо ми га је с прста, опет ставио, клекнуо, погледао ме у очи. И тамо, у кухињи неког странца рекла сам лопову *да* и наше очи су се напуниле сузама. Пошто смо тихо затворили врата за собом, ухватили смо се за руке и ушли у кола, и кад је рекао да смо довољно одмакли, викнула сам од задовољства.

Следећег дана смо се прогласили венчаним и прве брачне вечери, он је отишао у супермаркет и купио десет џакова брашна. Просипајући га по поду моје спаваће собе, мој лопов је од собе направио сандук за брашно, једну стопу дубок. Знам, биће ненормално тешко усисати и очистити собу, али сам ипак уживала у начину на који је брашно обасипало нашу кожу, у његовој чистоти, и у његовом распињању у наситније честице, и како сам цичала на њему, и кад смо се љубили, имали смо укус јутра у устима.

Касно те вечери, позвала сам своје родитеље и рекла им да сам се удала, моја мајка је вриснула од узбуђења, а отац ме питао: шта он ради? Рекла сам, он је пекар. чула сам им у гласу да нису баш сигурни да пекари добро зарађују, а ја сам им казала, добар је то живот и ја га волим. Тад ми је мајка рекла да је то једино важно, Пени – честитамо, а мој отац је нешто прогунђао, али сам знала да је срећан, добро познајем целу скалу његовог гунђања, а ово је било гунђање из задовољства.

Преселили смо се у мали стан у богатом делу града, што је било заначајно за његову каријеру. Пренели смо мој намештај, јер је он рекао да нема ништа. Добила сам за венчање поклоне од породице, крпе у дугиним бојама за прихватање врелих судова, комплет чупавих и меких пешкира, милион индијских ораха. Он није добио ништа од своје породице, зато, као што ми је објаснио, што је нема. Стварно, рекла сам, зашто то нисам знала, а он ми је одговорио: вероватно зато што ти нисам рекао. Стајала сам укочено за тренутак, покушавајући да сварим новости. Пени, ја не поседујем ништа, ни породицу, ни намештај, а ја сам зацичала, сад мене поседујеш! И он се насмејао и пољубио ме у главу.

Додао ми је пар мојих прелепих црних кожних рукавица, навукао је своје на руке и рекао: Време је за рад, моја дамо, и ја сам га ухватила за кожну руку својом кожном руком, и стегнула је, зато што сам ја његова породица и спустили смо се мало ниже низ улицу, до палате једног пара који је отишао у оперу да гледа *La Boheme*, само без нас.

Пузали смо дуж палате, док нисмо дошли до кухињског прозора који је увек био отворен. Мој џентлмен лопов пустио ме је да се прва попнем, и нашла сам се у новој кухињи, брзо сам се окренула на поду од керамичких плочица, и замислила себе како овде кувам. Направила бих паприкаш, направила бих лазању. Направила бих чоколаду само од интегралног пиринча и воде. Испруживши руку помогла сам и њему да уђе, и стајали смо за тренутак заједно у тој дивној тишини освајања новог простора. Чинило ми се као да се зидови савијају према нама. Онда сам осетила неодољив нагон, као неку силу која ме је вукла, коју сам брзо кренула да следим, стигла сам у купатило, где је стајало велико црвено-црно огледало у стилу Арт Деко, и дала сам му знак да дође, да се заједно погледамо. Гледали смо у наше одразе, и мислим да смо изгледали као лудо заљубљен пар баш у овом феноменалном огледалу. Мислим да је био напет и да је жудео да оде и погледа шта стоји испод кауча у дневној соби, па сам га на брзину пољубила и пустила га да оде да лови злато, а ја сам се вратила у кухињу и почела да мазим прелепу нежну, белу мацу. Овај пут сам погледала у кутију са шећером, што да не, и замисли – на дну кутије био је прстен, овај пут с рубином, камена црvenijег од трешње. Натакла сам га на прст преко рукавице, и кад се мој вољени вратио с врећом блага, показала сам му га, а он ме је завртео укруг, ту, поред туђе рерне. Рекао ми је да ме воли и ја сам поцрвенела, као сестра овог прстена. Пре него што смо кренули, питао ме је да ли хоћу да украдемо и мачку, али сам рекла не, не можеш да украдеш мачку, то је против свих правила. Има огрлицу, има своје име, припада овим људима. Док је лопов излазио кроз прозор, цокнула сам језиком како бих маци рекла збогом, а она је скочила на судоперу, и гледала ме је плавим нетрепћућим очима како одлазим.

Те ноћи, посуо је шећером под наше спаваће собе, и на шећеру смо водили љубав, имали смо на себи само рукавице и ципеле, лизала сам шећер с његовог рамена као маца. Иако је било сласно, било ми је тешко да водим љубав с њим, јер сам стално кришом гледала у онај прстен. Био је тако светао и таман, у исто време. Кад смо завршили, он је отишао да се истушира, и спере преостали шећер, и ја сам скинула прстен с рукавице и ставила га у тетка-Лулину теглу за шећер. Кад сам опет отишла да видим његов гримизни сјај, била сам веома изненађена јер је шећер постао црвен.

Шта, рекла сам, душице, да ли си сипао воћни сок у кутију шећера?

Он се промешкољио и рекао: не. Врати се у кревет, а ја сам му одвратила, чекај само мало и ставила прстен у брашно.

Необично: ујутру је и брашно постало црвено. Црвено брашно изгледа погрешно.

Срце, казала сам, прстен цури, и спустила сам га на радну плочу у кухињи, и радна плоча је постала црвена, а кад сам је прекрила папирним убрусом, и папир се обојио у црвено, и да, чак су сад и јагодице мојих прстију биле црвене, отрчала сам и ставила их под млаз воде, али вода није урадила ништа друго, само их је поквасила.

Мој лопов је изашао из купатила и ја сам му рекла: срце, тај прстен морамо да вратимо, или све што имамо, укључујући и нас двоје, све ће постати рубин- црвено. Онда је лопов узео прстен поклоњеним пешкиром, који је до тада стајао на његовим куковима, и цео пешкир је постао црвен. Опа, казао је, у праву си, у реду.

Једне ноћи, кад је онај оперски пар отишао да гледа *Чаробну фрулу*, ми смо испустили прстен из мале папирне кесе, која је, наравно, била црвена, назад у њихову теглу за шећер. Њихов шећер није постао црвен и уопште ми није било јасно како је то могуће. Као да је њихов шећер био другачији, и због тога сам била мало тужна, као да мој шећер није довољно добар и отпоран. Наставила сам да скидам поклопац с кутије и гледам како се прстен гнезди унутра — изгледао је божанствено, светлуцајући у кристалима шећера. Маца је дошла и са мном гледала у кутију, и очајнички сам желела ту мачку, али знала сам да чак и ако је одведемо кући и дамо јој млеко и ново име, увек ћу знати да није моја.

Калаузом смо отворили задња врата куће наших суседа, пар је отпутовао на неко хладно место, гледала сам их како су одлазили на аеродром, он је носио неки комични крзнени шешир.

Шта сам тражила овог пута? Отишла сам до огромног сланика, који им је стајао на плочи у кухињи, био је то циновски сланик, деда свих сланика, и наравно, кад сам просула со, пронашла сам прстен са смарагдом, боје траве, тако зеленим смарагдом, као да га је гледао неко зеленоок.

Мој драги ме је загрлио, и желео је да урадимо оно ту, на радној плочи, са сољу, али сам му рекла да не желим да водим љубав посољена, јер нећу да се осећам као вечера, осећала бих се лоше, и он је рекао да разуме.

Прстен смо однели кући, и ставила сам га у нашу со, и кад сам се усред ноћи пробудила отишла сам да проверим да ли нам је со постала зелена, али није.

Попела сам се назад на кревет. Још је тамо, прошапутала сам, и со је још увек со.

Пољубио ми је уво. Пени, хајде идемо на Тахити, хајде да престанемо са овим све до следеће зиме. Уморан сам, треба ми сунце. Рекла сам, добро, а он је спустио главу на моје раме. Погледала сам онај дијамантски прстен у мраку, на моју малу заробљену звезду, и извукла сам се опет из кревета, отишла до кутије за со и узела смарагдни прстен, ставила га себи на другу руку. Кад сам се вратила у кревет увила сам се око њега. Прстење је било прелепо, овако заједно. Желела сам и трећи.

Мислим да ми недостаје онај прстен, рекла сам гласно, иако је изгледало да он спава.

Кад смо стигли на Тахити, у наш љупки хотел, и кад смо ушли у собу са раскошним цветним прекривачем на кревету, и са отменим тоалет папиром са савијеним на почетку у украсни троугао, дао ми је мали поклон увијен у црвени украсни папир, са прелепом црвеном машном, и кад сам га отворила схватила сам да није спавао оне ноћи, јер шта је било унутра? Прстен с рубином.

О драги, о душо, рекла сам, и хтела сам да га натакнем и онда сам видела да је с унутрашње стране прстен облепио гуменом траком, да ми не би обојио руку. Приметила сам и да су врхови његових прстију постали црвени кад је то радио, па сам их пољубила јер су били тако добри. Прстен је ухватио светло, као отворена рана и гледала сам одбљеске драгог камења како играју по мојим прстима, од црвеног до зеленог и белог и назад, и помислила сам: ја сам најлепша и највољенија пекарова жена која је икада постајала на свету.

Отишли смо да пливамо један сат после ручка. Била сам мало пијана од друге пинаколаде. Прстен с рубином ми је склизнуо с прста у воду. Океан је постао црвен.

Сви пливачи су истрчали из океана вриштећи. Мислили су да је океан постао крвав од масивног крварења неког огромног човека. Тражила сам прстен пипајући око себе, али узалуд. Докле год ми је допирао поглед, океан се блистао у скерлетној боји, а на неким местима био је боје електричне магенте.

Мој лопов је пребледео и почео да плаче. Ово је океан, рекао је, шта си урадила, а ја сам одговорила, заборавила сам, а он је наставио, ово је ужасно, баци унутра и зелени прстен, а ја сам се побунила и рекла му, али со је остала со, на шта је он поновио: уради то. И послушала сам га, скинула сам зелени прстен с прста и бацила га под лук једног гримизног таласа. Ништа се није десило. Лопов је наставио да плаче. Одрастао сам поред мора, волим плаво, и рекао је, пробај с венчаним прстеном, а ја сам поновила, с нашим венчаним прстеном? С нашим венчаним прстеном? Он је одговорио, мораш, и ја сам то учинила, само сам спустила руку и пустила прстен да спадне, да пресече површину таласа и прстенује је, пун воденог прста који је кривудао целим путем до дна мора. чула сам га како је уздахнуо, јер океан није повратио своју боју. Моји прсти су били голи и једва сам могла да препознам сопствене руке.

Сад сам ја почела да плачем. Мој венчани прстен су прождрала огромна црвена, влажна уста океана.

Лопов је стајао плачући и ја сам стајала плачући, а песак је почео да пламти у бледо-наранџастој боји. Еколошке патроле су већ почеле да пристижу у великим камионима, са опремом. Сви они су били на ивици суза, тако ми је изгледало, али су говорили кроз мегафоне, како би прикрили гласове који су подрхтавали. Проверите рибе, викали су једни другима, и проверили су, рибама је било добро. Измерили су колико има црвене воде. Плашила сам се да ли је сва вода на свету постала црвена, али они су рекли преко мегафона да је вода крвава миљу од обале. То је био прстен од једне миље. Није био баш свемоћан.

Лопов и ја смо се вратили у хотелску собу. Седела сам у купатилу и савијала троуглиће на тоалет папиру, као да ту радим. Кад сам ушла у спаваћу собу, рекао је да хоће да водимо љубав на чаршавима. Рекла сам: не. Питао је: да ли си још моја? Ја тебе и даље волим, а ти мене? Одговорила сам: ја не знам чак ни како се зовеш, а поред тога, ако баш хоћеш да знаш, не знам ни како се презиваш, знам само да си пустио нашу љубав да буђне у океан, и како могу сада да те волим? Ставила сам руке на кукове.

Пени, није наша љубав буђнула у океан, рекао је, то је био само прстен, а ја сам се бунила, али то је био прстен из кутије с брашном, и не знам како да будем твоја без њега.

Држао ми је лице. Ја сам гледала кроз прозор, на таласе који су се пенушали. Пена је била розе.

Слушај, рекла сам, збуњена сам. Идем кући.

Отишла сам сам превозом до аеродрома Тахити. Оставила сам лопова да седи на намештеном кревету и гледа у зид. Седела сам на задњем седишту у аутобусу и нисам причала, осим што сам давала кратке одговоре, али је возач упорно настављао да ми поставља питања која су захтевала одговоре дуже од једне речи, и непрекидно ме звао Шећеру, и постајала сам све нервознија и нервознија, и хтела сам да ишчупам волан из његових руку и бацим га кроз прозор, све док ми одједном, из ведра неба није дао идеју. Једва се сећам да сам му платила зато што сам мислила на то све време од тог тренутка, и током лета авионом, и за време ручка и за време филма, и за време вечере, и тамо сам прво отишла. Нисам чак ни свратила кући да оставим торбе.

Бела маца је и даље била тамо и почела је да преде чим сам је помазила, али што је још важније, и тегла с шећером је била тамо. Ставила сам је у крило, скинула поклопац и провирила унутра. Кристали су се блистали.

О, шећеру, рекла сам му. Ти си јачи од свега.

Подигла сам њихову телефонску слушалицу – био је од корњачиног оклопа са златним дугметима – и позвала сам директно нашу хотелску собу на Тахитију. Била сам изненађена кад ми је рецепционар рекао да нема више никога у соби, да се гост одјавио пре неколико сати, и баш у исто време чула сам лупкање на прозору, и унутра је ушао лопов.

Како си знао? Озарила сам се, с телефонском слушалицом у руци, а он је слегнуо раменима, уморног лица изгорелог од сунца.

Погодио сам, рекао је. Вечерас је премијера *Madame Butterfly*. Плакати су свуда по граду.

Нагнули смо се напред и неспретно се загрлили. Држала сам се за његов лакат. Гурнуо је своју браду у мој врат.

Одмакла сам се и подигла теглу. Погледај ово, рекла сам. Можда ће помоћи.

Шта је то? питао је.

То је тај специјални шећер.

Ох, рекао је. Добро. Увек сам волео шећер.

Уплашила сам се, али он ме је погледао са разумевањем, па сам умочила прсте у шећер и полизала га. Ммм, рекла сам, мммм, ово мораш да пробаш. Зрнца су се сијала на мом језику. Лопов је сео поред мене у једну од кухињских столица од прућа.

Стварно је укусан, рекла сам.

Онда је и он умочио свој прст у кожној рукавици и опрезно лизнуо шећер. Пажљиво сам му гледала у лице. У кући је било тихо, само се чуо сат изнад кухињског стола.

Да ли се осећаш другачије?, питала сам.

Не још, одговорио је.

Ставио је опет унутра свој прст и ја такође, и кад смо се додирнули јагодицама, он ме ухватио за прст и стегнуо.

Па здраво, рекла сам нежно нашим прстима.

Спустио је руку на моју ногу. Препустила сам ногу његовој руци.

Мислим да све треба да поједемо, закључила сам. Приближио ми се. Сит сам, шапнуо ми је у уво. Настави да једеш, рекла сам.

Али Пени, истог је укуса као и обични шећер, шапнуо ми је у уво.

Шшшш, промрмљала сам, додирујући својим раменом његово, узимајући нову хрпу кристала у своју руку. Немој ником да кажеш.

ДЕВОЈКА У ЗАПАЉИВОЈ СУКЊИ

Кад сам се вратила кући из школе, на ручак, мој отац је на леђима носио камени ранац.

Скини га, казала сам му, претежак је за тебе.

Тад га је дао мени.

Био је то масиван камен. И густ, без трунчице ваздуха у себи, сив и хладан на додир. Чак је и мали рајсфершлус био од камена и био је тежак тону. Погрбила сам се од тежине и нисам могла да седнем на столицу од ранца, није био предвиђен за то, тако сам остала да стојим, савијена у ћошку, док је мој отац звиждукао, вртео се у колицима по кући, опуштен, ведар и сад леп.

Шта је у њему?, питала сам, али ме није чуо, мењао је канале.

Отишла сам у собу с телевизором.

Шта има унутра?, питала сам. Тако је тежак. Зашто је од камена? Где си га набавио?

Погледао ме је. То је ствар коју ја поседујем, рекао је.

Зар не можемо негде да га спустимо, питала сам, не можемо да га ставимо у ћошак?

Не, рекао је, овај ранац мора стално да буде ношен. Такав је закон.

Чучнула сам на под да ми буде мање тешко. Какав закон?, питала сам. Никад нисам чула за тај закон.

Веруј ми, рекао је, знам о чему говорим. Неколико пута је кружио раменима и окренуо се према мени. Зар не би требало да си у школи?, питао ме је.

На једвите јаде сам се одвукла до школе с ранцем на леђима и некако увукла у клупу, а учитељица је села поред мене, док су друга деца радила математику.

Толико је тежак, рекла сам, да ми се чини да је све тешко.

Донела ми је папирне марамице.

Али ја не плачем, рекла сам јој.

Знам, рекла је, додирујући мој зглоб. Само сам хтела да ти донесем нешто што је лагано.

Ово је нешто што сам запамтила:

Два пацова шетају лавиринтом.

Један пацов се држи за стомак. Слушај, каже, имам грозне болове. Појео сам ону гомилу шећера коју су нам дали, и сад имам отеклину на стомаку велику као моја глава. Он се окрене према другом пацову и покаже му испупчење.

Други пацов врти главом са сажаљењем. Ох, каже он.

Први пацов дигне главу и мало зрикне. Хеј, каже, да ли си и ти јео те слаткише?

Други пацов климне главом.

Први пацов њушне носом. Не разумем, каже, погледај се. Ти пуцаш од снаге и радостан си, не изгледаш нимало болесно, изгледаш савршено и божанствено, живахно и неговано. Изгледаш просто фантастично! И кажеш да си и ти јео?

Други пацов још једном климне главом.

Па како си онда остао у добром стању?, пита први пацов, пипкајући свој истурени стомак малом шапом.

Нисам, каже други пацов. Ја сам пас.

Руке су ми знојаве. Обришем их о бутине.

Онда, хм, прочистим грло пред оцем. Дигао је поглед са своје салате. Волим те више од соли, рекла сам.

Он делује дирнуто, али он је човек који је преживео срчани удар и одрекао се соли пре две године. Не значи то њему *баш* толико, поредак ствари које волим. У ствари, "Умереност је стање ума", био је његов омиљени мото тих дана. Можда би и ти могла да се одрекнеш соли, рекао је. Без помфрита.

Али ја нисам имала инфаркт, рекла сам. Не сећаш се? Ти си га имао.

Уз слабо срце, мој отац такође има и слабе ноге, па користи инвалидска колица да би се кретао. Питао ме је једном да седнем и ја на столицу, да на један дан испробам како је њему.

Али моја столица нема точкове, казала сам му. Моја столица само стоји овде.

То је тачно, рекао је, кад се возикам по дневној соби, осећам се као муња.

Преседела сам у столици цело поподне. Постала сам веома анксиозна. Почела сам с рукама да радим ону своју ствар, коју радим кад сам нервозна, оно куцкање у дрво против урока. Куцала сам у ногу столице бар сат времена, штитећи цео свет на тај начин, ја као супер херој, чувајући свет од мојих одвратних и опасних мисли, кад ме је тата бесно погледао.

Престани с тим куцкањем, рекао је. Живцира ме.

Морам у купатило, рекла сам, залепљена за столицу.

Само иди, рекао је, нико те не држи. Окренуо је точкове и укључио телевизор.

Устала сам. Колена су ми клецала. У купатилу је мирисало на чисто и плочице су блистале, и почела сам да размишљам да од купатила себи направим нову спаваћу собу. У купатилу ништа није мекано. Све у купатилу је тврдо. Сјајно је и ново, све је изрибано и избељено, као бела палата, и све што ти је у њој потребно је добар сунђер да можеш да скинеш сву прљавштину.

Опрала сам руке малим сапуном у облику патке и провирила напоље кроз прозор. Живимо високо у солитеру, и често се питам шта би се десило кад би дошло до пожара, не бисмо могли да користимо лифт, а морали бисмо да изађемо. Ко би њега носио? Да ли бих ја то учинила? Једном сам замислила како га односим до спиралних уских степеница, за случај пожара, и како га бацам у провалију, док моја мајка на дну степеништа стоји са широко раширеним рукама да би ухватила његово тело које лети као ветар. Хеј, викнула бих, хватај тату! Онда бих, као пони, одскакутала низ степениште и затекла их доле смрскане, као да су доживели саобраћајну несрећу, и ту би се моја фантазија завршавала, а рука би сама проналазила дрво и почињала да куцка.

.   .   .

Полови родитељи су алкохоличари и све време су пијани, тако да не примећују да он никад није код куће. Можда им се привиђа Полов дух, пред њиховим од вискија замућеним очима. Али Пол је са мном. Закључала сам га у свој орман. Пол је мој љубавник, слатки Пол је моја маслина.

Одшкринем врата ормана и додајем му храну. Он ми додаје прљаве тањире од претходног оброка, и ја их слажем на под поред мојих мајица. Чучим пред орманом и слушам га како мљацка и гута.

Да ли је укусно?, питам га. Како ти се свиђају ћуфте без соли?

Пол одговара да му се свиђа да седи у мраку. Каже ми да је у мом стану тако мирно и да мирише на трезне људе. Разлог што је толико тихо, јесте што се мој отац осећа ужасно, па се одмара у спаваћој соби. На прстима, на прстима око болесног ђалета. А разлог што мирише на трезно је зато што су сви тако трезвени. Нисам се нашалила код куће већ десет година. Пре десет година, пробала сам да им испричам један виц који је смислила Хелен Келер, а они су ме послали у моју собу због моје невероватне неосетљивости према туђој патњи.

Мислим да у Половој кући сви трче наоколо у доњем вешу, а ваздух је тако засићен испарењем бурбона да ти кожа од тога потамни. Он каже да није, он каже да је и у његовој кући мирно. Али та је тишина другачија, каже ми. Ведрија и оштријих оштрица. Климнем главом и слушам. Он каже да у његовој кући прстенови од влажних чаша остављају олимпијске кругове, на свим могућим дрвеним површинама.

Једном сам кроз одшкринута врата, протурила своју руку уместо хране. Пол ми држи руку пола сата, прелази својим прстима преко мојих, црта линије на мом длану.

Имаш дугу линију живота, каже.

Умукни, одговорим му, немам.

Ни тада ми не пушта руку. Имаш нешто слатко?

Извадим колач из предњег џепа на кошуљи.

Он повуче моју руку к себи. Моје раме удари у рам ормана.

Уђи унутра, каже, дођи код мене.

Не могу, одговарам, морам да останем овде.

Зашто? Сад ми љуби руку. Усне су му веома мекане, а понегде је на њима остала и нека мрвица.

Једноставно, морам, кажем, за случај пожара или нечег сличног. А у себи кажем: сад сам научила своју лекцију и осетљива сам на људску патњу. Јадна, јадна Хелен К, слепа-и-глува-и-нема. Зато што сам сад тако осетљива, пуна осећања за друге, једва могу да се померим.

Пол спушта свој тањир и мом лицу приближава своје. Гледа ме право у очи, и ја се у себи ломим. Не скрећем поглед. Желим да сама себи одсечем главу.

Тешко нам је да се љубимо. Чим окренем главу да би пољубац био дубљи, врата ормана се испрече.

После једног минута Пол одгурне врата ормана и увуче ме унутра код себе. Затвара врата и сад је унутра мркли мрак. Осећам његов дах на себи, осећам како се ваздух међу нама згушњава.

Почињем цела да дрхтим.

У реду је, каже ми, док ме љуби у врат и у раме и у браду и свугде. Пушта ме напоље тек кад почнем да плачем.

Мој отац је у болници на самртничкој постељи.

Мила, каже ми, ти си ми једино дете, мој једини наследник.

Наследник чега? питам. Имаш неко тајно богатство?

Не, каже, али продужићеш моје гене.

Одмах замислим неколико деце приковане за кревет, у инвалидским колицима. Замишљам како сву своју децу бацам у ђубре јер не могу ништа да раде. Замислим још неколико гадних ствари, па почнем да куцкам по ноћном сточићу и он се од тога опет изнервира.

Престани с том буком, каже, ја овде умирем.

Грчи му се лице у агонији. Ипак још не умире. Ово се већ неколико пута десило и није умро. Сцена умирања у кревету постане мало збуњујућа кад се одигра више од два пута. Постане ти тешко да будеш озбиљан. Молим се много у болници, сваки пут се молим с уживањем, али моје молитве постају напете, чак у последње време морам да шкргућем зубима. Док се молим, замишљам његово лице како се смеје. Урезујем ово лице у своје памћење. Већ три пута кад замислим ово насмејано лице, оно експлодира. После тога морам два пута више да се напрежем, више да се молим. У малој болничкој капели, ја сам једина која се моли стегнутих вилица и стиснутих песница, којима ударам у клупу. Можда мисле да куцам на Божија врата, куц, куц, куц. Можда стварно тамо и куцам.

Кад завршим с молитвама, изађем на врата са стране, напоље, на дневно светло. Напољу је врело и болница изгледа пожутело и суморно на сунцу, и напољу је остава са санитарним материјалом, која има рупу на дну, и из ње провирују два пацова и само им видим њушке које се мрдају, и пожелим да их шутнем али су испод врата. Мислим на кугу. Мислим на беснило. У џепу ми је пола крофне из болничке кафетерије и пацови вероватно могу да је намиришу; њихови носићи се необуздано мрдају горе-доле, рекла бих да су гладни. Извадим из џепа крофну, али је само држим у руци, високо. У њој има цимета и сувог грожђа. Мирише на унутрашњост џепа. Пацови не прилазе. Покушавају да се лепо понашају. Нема никога около, само ја стојим поред болнице, касно је после подне, и ја сам слободна и млада. Ја сам као поветарац, лака као крило од свиленог папира. Не знам шта да радим са собом, само стежем ону крофну и седам поред спремишта. Где ли је сад мој отац? Желим да изађе на точковима с руком преко оног његовог ранца; моја леђа пуцају без њега.

Мислим на ту девојку о којој сам читала у новинама – ону са запаљивом сукњом. Купила је сукњу од синтетичког шифона, пурпурну са таласастим линијама. Обукла ју је за журку и играла је, превише близу свећама с мирисом ваниле, и изненада се запалила као буктиња борових иглица. Кад је младић који је играо поред ње, осетио врелину и смрад пластике, вриснуо је и уролао девојку која је горела у тепих. Добила је опекотине трећег степена по целим бутинама. Али оно што мене мучи јесте следеће: оне секунде кад је осетила да јој сукња гори, шта је прво помислила? Пре него што је схватила да се сукња запалила од свећа, да ли је помислила да ју је она сама запалила? Запалила заносним и путеним покретима својих кукова, топлотом музике у себи, да ли је поверовала, макар у једном величанственом тренутку, да се њена страст оваплотила?

ЗАХВАЛНОСТ

Посебно ми је драго што могу јавно да се захвалим следећим људима:

Учесницима Радионице Калифорнијског универзитета у Ирвину, где су сви суделовали у обликовању и креирању ових прича, нарочито Кулену Герсту и његовој искрености и великодушности, Глену Голду, на његовим приповедним убеђивањима, Филу Хеју на његовим тврдоглаво мудрим ставовима у вези тога шта је заправо проза, и Елис Зиболд, на њеном хумору, снази и пријатељству. Џефри Волф ми је пружио огромну подршку и помоћ, у смислу јасног указивања у ком правцу је требало да идем, и неизмерно сам захвална Џудит Гросман, и на естетском и коначном обликовању прича.

Много захвалности осећам и према мом интелигентном уреднику и ентузијасти, Билу Томасу, и свом менаџеру, Хенрију Данау, који у себи има комбинацију промишљености и топлине.

Дужник сам свим новинама и часописима и којима су објављене моје приче, и њиховим уредницима који су ме све време охрабривали.

Изузетна Миранда Хофман је скоро све прочитала прва, и она је од самог почетка неуморно веровала у мене. И ова књига је један од успеха моје сарадње са Цин Бернс Лири, и веома сам јој захвална што ме је подсећала, учила и поново подсећала и учила да орлови не лове муве.

И на крају, мојој породици: мојим родитељима, Мери и Дејвиду Бендеру, на њиховој заједничкој вери у бизарну лепоту несвесног, мојим добрим сестрама, мом извориште енергије, Сузан и Карен, и мојој елегантној баки Ерди заљубљенику у бајке, који су ме сви на свој начин и подржавали и инспирисали својим бићима и оним у шта верују, и пре свега, неуништивом снагом њихове љубави.

СВЕТ БЕЗ СТРАХОВА ЕЈМИ БЕНДЕР

Кад урошите у свет престижних прича Ејми Бендер, млађе америчке књижевнице која живи и ради у Лос Анђелесу, где на једном од универзитета предаје креативно писање, постанете опчињени, једноставно не можете да верујете шта читате и у какве се авантуре упуштате. Доживећете брзину тркачког аутомобила, најискренију радост, звук рок концерта, али ћете наићи и на велику дубину и њено разумевање људи и њихових проблема, чак и њихових настраности. Склона најневероватнијим обртима, тако да вас изненади и поптуно шокира, некад пријатно, завршавајући причу неочекиваном љубављу, мада никада предвидивом, никада срећним клишеом, већ најчешће изненађујућим крајем, негде на рубу провалије, у еротском дрхтају, као што је у причи "*Без коже*", где на самој ивици понора, једне ветровите ноћи стоје приљубљени професорка Јеврејка и млади нациста, који се опчињени опасношћу и узбуђењем на трен сливају у једно. И ви ћете, с јунацима, бити све време на ивици провалије, напети од ишчекивања, у незнању где је следећа станица на коју ће вас ова млада списатељица повести и завести својом нежном, али вештом руком. Било да ли је реч о љубавнику који пролази кроз обрнуту еволуцију, или о библиотекарки која, из очаја због очеве смрти, одлучује да има секс, боље рећи оргију, са небројено много мушкараца на радном месту, доживећете оваплоћење најскривенијих фантазија. Кад се препустите јунакињама ових прича, осетићете њихову дрскост, њихов безобразлук, беспоштедну искреност, некад ћете чак и помислити да је у питању тотална безосећајност, али преварићете се, ове жене, у својој дрскости, и у препуштању тренутку, траже, цеде из себе, из својих младих и лепих тела, осећај да живе, потврду да су вредне постојања и остваривања чак и без мушкараца. Њима је важан секс, али оне углавном не уживају у њему, упуштање у секс им је мера сопствене, женске снаге, чак и кад су промискуитетне, кад се препуштају старцима у хотелу као проститутке, оне испитују своје, женске границе. Беспоштедно желе да буду једнаке мушкарцима. Јаке као они, можда и јаче. Без стида јуре нажуљане мушке руке, улазе за њима у шахтове, и доживљавају навалу пожуде док брзи аутомобили лете изнад њих. Улазе код фризера и секу косу, одричу се лажних атрибута своје женствености, у жељи да осете заправо ко су и шта су. Лепота као да им смета да се остваре. Ипак те жене су несрећене, оне траже љубав на прилично необичан начин, траже повезаност, како Ејми Бендер и сама каже, траже блискост, које тако мало има у свету. У једној причи, Бендерова снагу жене изједначава са мушким полним органом. Мушки полни орган се рађа код безобразне, дрске девојке, која нуди своје тело свету, да би се осетила живом. Тај пенис код жене, Ејми Бендер и објашњава у једном од својих интервјуа, као излазак из тела. Као надполност. Бендерова каже да не завиди мушкарцима, али да се у тренуцима лудила и огромне снаге једноставно идентификује с њима. Да агресивност увек повезује са мушкошћу.

Иначе, Ејми Бендер не воли много анализирање у писању. Она, како каже, воли да ослушкује своје несвесно биће, да копа по дубокој, тамној пећини своје подсвести, воли да пише чим устане, док је још буновна, док су јој снови још увек видљиви. Каже да причу воли да развије из прве реченице. Ако је прва реченица *повуче*, она има причу. И углавном је та реченица повезана са сексом или неким телесним деформитетом. Бендерова мисли да је тело веома важно у доживљавању света. И да се сва наша искуства дешавају преко тела, од бола до љубави, од добра до зла. Тело је наша резонантна кутија.

Њене јунакиње углавном нису мајке, и једре кроз живот храбро, живе снове, и оне најскривеније слободне мисли. Интересантна је фантазија, љубавна прича између морске сирене и трола, где без речи, сирена доживљава оргазам док јој трол додирује косу. А можда је најпровокантнија јунакиња-лепотица која пресреће мушкарце у метроу ("*Зови ме по имену*"), прати их до стана, жељна узбуђења, где допушта незнанцу да јој исече скупоцену сатенску хаљину.

Такође, овде има и људи, који из читаоцу сасвим незнаних разлога беже из света, постају аутисти, не излазе напоље, депресивни су. Који постају даждевњаци, или имају ватрене руке, и невероватну потребу да горе туђа тела, или да се ругају дебелој сестри, која ништа друго не ради него једе чипс испред телевизора. Без патетике, ти јунаци ослушкују како сат откуцава време, и одустају, препуштају се измишљеним болестима, куцкају у дрво као у причи "Девојка у запаљивој сукњи". То куцкање ће бити лајтмотив необичне девојке, главне јунакиње у роману Бендерове *Мој лични невидљиви знак*, а који је објављен у "Раду" 2006. године у преводу Александре Манчић. *Девојка у запаљивој сукњи* је прва књига Ејми Бендер, објављена 1998. године. Године 2005. објавила је књигу прича *Настрана створења*, углавном инспирисана јунакињом приче *Зови ме по имену*.

У свим њеним причама, а и у роману, откривамо дубоко повезан однос ћерке са оцем, где отац игра кључну улогу у отварању жене према мушкарцима и према љубави. Ејми Бендер је у неколико интервјуа рекла да је њен отац психијатар и да ју је као девојчицу научио да себе ослобађа страхова. И можда због тога нема много анксиозних људи у њеним причама. Као што јује отац у раном детињству научио да је страх од грмљавине у ствари љутња и потиснути бес, тако је и Бендерова своје јунакиње научила да се не плаше, да буду без тескобе, пренела им је то одсуство страхова, одсуство утуцаности, што им је дало моћ. Нема коментарисања и нема осуђивања. Зар то није нешто што недостаје свима? Нарочито нама овде? Без обзира што ове жене не треба узети за идеал, треба их саслушати мирно, прибрано, отвореног ума. Необичне јунакиње Ејми Бендер би требало да прошетају и београдским улицама, јер су толико различите од наших жена, које, чини се, нарочито данас своде себе на објекте и без поштовања се односе према себи.

Где је граница до које човек може да падне? Бендерова се спрда са конвенцијама, са пластичним операцијама, са крутим понашањем, користи вулгарне речи, и тако испробава и своје границе. Пуна искрености, она ће вам поставити задатке које до сада као читаоци нисте решавали и испровоцираће вас да преиспитате свој став према животу и према људима у њему.

Татјана Симоновић
Оваскаинен

Ејми Бендер живи у Лос Анђелесу. Њене приче су објављиване у Granta, GQ,, Storz, The Antioch Review, и још неколико других пибликација. Магистрирала је лепе уметности (МФА) у области креативног писања на Калифорнијском универзитету у Ирвину.

Ејми Бендер
ДЕВОЈКА У ЗАПАЉИВОЈ СУКЊИ

∗

Издавачко предузеће
РАД
Београд, Дечанска 12
radbooks@eunet.yu

∗

За издавача
СИМОН СИМОНОВИЋ

∗

Лектор и коректор
МИРОСЛАВА СТОЈКОВИЋ

∗

Графичка опрема
СИМОНОВИЋ НЕНАД

∗

Штампа
Елвод-принт
Лазаревац

CIP - Каталогизација у публикацији
Народна библиотека Србије, Београд;

821.111(73) - 32

БЕНДЕР, Ејми - Девојка у запаљивој сукњи : приче /
Ејми Бендер ; (превела Татјана Симоновић Оваскаинен).-
Београд : Рад, 2007 (Лазаревац : Елвод-принт). -
203стр. ; 20 цм. - (Библиотека Рад)

Превод дела : Double day / Aimee Bender. - стр. 197-201 :
Свет без страхова Ејми Бендер / Татјана Симоновић Оваскаинен.

ISBN 978-86-09-00965-5

COBISS. SR-ID 143423244

www.ingramcontent.com/pod-product-compliance
Lightning Source LLC
Chambersburg PA
CBHW062213080426
42734CB00010B/1875